高等教育公共基础类"十四五"系列

网球技战术与训练

主 编 黄刚强 李钦甲 谭 宏

副主编 肖思源 李彩平 邱田田 唐 剑

四川大学出版社
SICHUAN UNIVERSITY PRESS

图书在版编目（CIP）数据

网球技战术与训练 / 黄刚强，李钦甲，谭宏主编 .
成都：四川大学出版社，2024. 7. -- ISBN 978-7-5690-
7073-6

Ⅰ．G845.19

中国国家版本馆 CIP 数据核字第 2024BW2653 号

书　　名：网球技战术与训练
　　　　　Wangqiu Ji-zhanshu yu Xunlian
主　　编：黄刚强　李钦甲　谭　宏
丛 书 名：高等教育公共基础类"十四五"系列规划教材

丛书策划：李志勇　王　睿
选题策划：王　睿
责任编辑：王　睿　李金兰
责任校对：周维彬
装帧设计：墨创文化
责任印制：李金兰

出版发行：四川大学出版社有限责任公司
　　　　　地址：成都市一环路南一段 24 号（610065）
　　　　　电话：（028）85408311（发行部）、85400276（总编室）
　　　　　电子邮箱：scupress@vip.163.com
　　　　　网址：https://press.scu.edu.cn
印前制作：四川胜翔数码印务设计有限公司
印刷装订：四川省平轩印务有限公司

成品尺寸：185mm×260mm
印　　张：9
字　　数：221 千字

版　　次：2024 年 9 月 第 1 版
印　　次：2024 年 9 月 第 1 次印刷
定　　价：58.00 元

扫码获取数字资源

四川大学出版社
微信公众号

前言

  本书是普通高等院校网球专业教材,也可作为广大网球爱好者的学习辅助资料或者自学教材,还可作为普通高等院校的非网球专业教学用书。本书从网球技战术与训练的实际出发,结合编者多年的网球教学与训练工作心得,汲取了网球运动发展的前沿信息,对网球运动中的技术动作、网球比赛战术的选择、网球运动员的训练方法、网球运动员的心智训练等方面进行了详细的阐述,以帮助广大网球爱好者学习和掌握网球技术要领、训练方法和战术,在比赛中能更快、更轻易、更稳定地获得胜利。

  本书由西南科技大学黄刚强、李钦甲、谭宏担任主编;西南科技大学肖思源、李彩平、印田田,绵阳南山中学双语学校唐剑担任副主编。本书共有六章,分别阐述了网球的基本技术,网球比赛的战术,网球的技战术训练,网球运动步法、热身、拉伸和核心训练,网球运动员的心智训练以及网球运动的损伤与预防。本书专门设计了相关练习,读者也可以扫描书中的二维码,以更好地理解和巩固相关的知识。

  限于编者水平,书中疏漏错误在所难免,敬请广大读者批评指正。

编　者

2024 年 6 月

目 录

第一章　网球的基本技术

第一节　正手击球（本书均以右手持拍为例）

正手击球

一、正手击球的准备姿势

体前中立握拍，上半身正对球网，膝关节弯曲，身体重心在双脚的前脚掌上，双脚脚后跟微微抬起，沉胯，有一种坐在凳子上的感觉。左手托住球拍的拍喉，右手持拍于腹前，拍头指向斜上方（图1-1）。

图1-1　准备姿势

关键点：左右手臂的肘关节外展，且在身体躯干的前方。

教练提示：在准备时应集中注意力，紧盯对手的移动和击球动作，预判对方来球的线路。在预判的整个过程中要保持球拍的稳定，球拍不能随身体的移动而晃动。

二、正手击球的转体

转体是击球的第一步，右脚先向右侧迈出一小步，确保髋关节打开，身体重心转移至右脚，身体上半身向右侧扭转。此时，左手握住拍喉，眼睛紧盯来球，身体上半身和下半身成拧紧的弹簧状，左肩靠近下巴（图1-2）。在转体时，初学者往往会从头到脚

1

一起向右侧整体转动，这样不能充分通过身体的扭转发力，且当头部也跟着身体一起转动时，不能很好地观察对方的来球。

图1-2 转体

关键点：转体时上半身为一个整体，由肩带动手臂和球拍进行转动，在转体时双手顺势做向外向上向后的动作，类似画一个弧。

教练提示：头部保持稳定且盯准对方来球线路，切记不要跟随身体的转动而转动。

三、正手击球的引拍

当准备正手击球且进入引拍阶段时，左手松开球拍，右手持拍继续向后且让手臂放松带动球拍自然下落。左手松开球拍并伸直，与上半身成90°，几乎与底线平行（图1-3）。

图1-3 引拍

关键点：在进行引拍时，身体重心已经开始向前移动，为身体的扭转做准备。

教练提示：在引拍时，分为以拍头带动引拍和肘关节带动引拍，拍头带动引拍的优点是引拍的稳定性更好，而肘关节带动引拍的优点是能够更好地形成拍头的延迟动作。

四、正手击球

左脚向前迈出，身体重心开始由右脚向左脚转移，此时球拍已经自然下落到位（图1-4），转动髋关节带动肩再带动手臂拉动球拍向击球点移动（图1-5），击球点在身体右侧前方，拍面垂直于地面（图1-6）。在球拍自然下落时，男子职业运动员更多选择将拍面向下，而女子职业运动员则更多选择将拍面稍微立起。在击球时，球拍的运动轨迹是向前向上的，持拍手手臂同时进行内旋动作。

图1-4　球拍自然下落　　　　图1-5　髋关节带动肩及手臂　　　图1-6　拍面垂直于地面

关键点：在击球时，手臂和上半身要形成一个整体，在球拍与球发生碰撞时，要继续向前向上移动，球拍不是在平面内做"雨刷"动作，而是在一个类似的通道内做雨刷式内旋动作。

教练提示：在球拍与球发生碰撞时，球拍拍头应低于击球点，通过雨刷式内旋和向前击球的动作，可以更好地确保击球的稳定性。

五、正手击球的随挥

在正手击球的随挥阶段，击球手臂和球拍顶端应尽可能向前、向上随挥（图1-7），此时手腕要放松，根据不同的击球类型，拍头向前向上挥动，最后手臂内旋落在身体的左侧（图1-8）。随后重心继续前移，右脚随身体向前移动。

一个自然的随挥就是在击球时球拍、手臂和肩膀形成一个整体，通过肩膀的转动带动球拍击到球，此时随着身体右侧继续向前方移动，肩膀也将继续转动，转肩将迫使球拍向身体的左侧转移，最后转移至左臂的外侧。注意，正手的随挥不是手臂刻意挥动球拍到身体左侧的。

关键点：正手击球随挥时身体重心落在左腿上，持拍手的手腕应该是放松的。

教练提示：随着网球技战术水平的提高，要不断提升手腕的灵活性。在完整的正手击球动作中，手腕最好能呈现一种"松—紧—松"的状态。在做准备动作和随挥动作时手腕应保持放松，击球时手腕保持相对紧绷，以保证击球时球拍的稳定性。

图1-7 向前向上随挥　　　　　　图1-8 手臂内旋落在身体左侧

六、正手击球的引拍时机

著名网球教练尼克·波利泰里尼认为，"伟大球员的重要法宝是严格执行早准备方针"，早准备也就是早引拍的意思，并且尼克教练还制定了引拍时机的评价标准。当球反弹到我方才引拍为一般，当球刚飞过球网时引拍为好，当对方击球时引拍为很好（表1-1）。但是我们也应该注意，太早引拍会出现整个击球动作短暂中断的现象，这必然会降低拍头的速度；而引拍过晚则会导致蓄力不够，使击球较为仓促，在击球瞬间难以保持正确的拍面角度。一般情况下，在红土场地上引拍会晚一点，而在硬地场上引拍则会更早一点，其目的都是让身体能更流畅地发力。

表1-1 引拍时机的评价标准

一般	好	很好
球反弹到我方才引拍	当球刚飞过球网时引拍	当对方击球时引拍

常见错误：初学者往往等球到自己面前了才开始引拍，这样会错过击球的最佳时机，导致动作变形。

七、正手击球的引拍方式

正手击球的
引拍方式

在正手引拍时，应以身体上半身的扭转带动球拍后拉，也就是说在引拍过程中身体的上半身是一个整体。在WTA女运动员中，较多的运动员在引拍时会选择在身体的侧面画弧，肘关节向下，拍面对准身体的侧面，拍头指向上方，此种引拍幅度更大，需要准备的时间更长一些，但稳定性更高。在ATP男运动员中，更多的运动员在向后引拍时更多的选择是抬高肘关节，拍头指向前方，以肘关节带动引拍（图1-9），在WTA女运动员中更多的以拍头带动引拍（图1-10）。

图 1-9 以肘关节带动引拍   图 1-10 以拍头带动引拍

现代网球的正手击球一般分为两段：第一段是从准备动作到完成侧身，第二段是从侧身位置到击球完成。两段式击球会使正手击球更为有力，并且在移动击球时能提供稳定的身体支撑，避免出现先引拍后移动的情况。但需要注意的是：整个正手击球动作不要形成明显的两段式，最好自然流畅地完成整个击球动作。

常见错误：正手击球时常常会出现后挥引拍过大，转肩不充分，且引拍过程中手臂和上半身不协调的现象。

八、正手击球时的肘关节姿态

正手击球时的
肘关节姿态

在正手击球时，肘关节的鹰嘴应该指向地面。也就是说运动员的身体转动带动球拍向前整体运动，此时不管是直臂还是曲臂，肘窝都应该是向上的，并与上半身形成一个整体（图 1-11）。若要在击球时保持肘窝向上，那么必须保证击球点在身体的前方，如果击球点接近身体，那么手臂会弯曲，形成图 1-12 的姿势。

图 1-11 肘窝向上   图 1-12 鹰嘴指向身体的后方

常见错误：正手击球时肘关节的鹰嘴指向身体的后方（图 1-12）。

九、正手击球时辅助手的运动轨迹

在转身引拍时，非持拍手应放在球拍的拍喉处，随肩转动时非持拍手臂继续向后推送，持拍手臂移动至与右肩垂直处分开（图1-13）。当非持拍手松开球拍后，非持拍手应伸直几乎与地面平行且与肩部垂直（图1-14）。当球拍开始自然下落时，非持拍手也开始向前向下运动，向下运动的幅度一般在腹部以上的位置。开始击球时，非持拍手手臂肘关节开始弯曲，小臂开始上举，最后在身体的左侧接住球拍（图1-15）。

图1-13　左手推球拍　　　　图1-14　伸直与地面平行　　　图1-15　左侧接住球拍

非持拍手的主要作用是保持击球时的身体平衡，增加爆发力，提高正手击球的攻击性，也可以帮助运动员控制击球点与身体的距离。在击球时，非持拍手一侧要尽量延展，在保持挥拍平衡的同时，也能增加一些爆发力。

常见错误：初学者往往不会正确使用非持拍手，经常只有一半的身体参与运动，而非持拍手一直处在身体的左侧。

十、正手上旋球的击球方式

当正手击打上旋球时，球拍的运动轨迹是斜向上的，这个运动轨迹不是靠手臂和手腕的刻意向上形成的，而是靠手臂向前移动，距离身体越来越远，手臂自然形成向上的移动轨迹。向前击球时手臂应同时内旋，在击球前球拍拍头要低于击球点。

正手上旋球的
击球方式

关键点：击球点必须在身体的前方，若击球过晚则不会产生自然的向上移动轨迹，必须靠手臂和手腕来进行弥补，以进行向上刷球。

教练提示：面对快球，若刻意用手肘、小臂和手腕向上刷球时，将会造成较多的失误，因为很难打到甜区（甜区指击球时球拍与网球面接触的最佳位置）。

十一、正手上旋球的常见错误

正手上旋球的常见错误：为增加球的旋转，击打球的顶部且击球后过早旋转拍头（图1-16）。这种击球方式能够增加球的旋转性，但球速较低，击出的球的前冲性并不明显，且给球增加了向下的力，因此击出的球也比较容易下网。

正手上旋球的常见错误

图1-16　击球后过早旋转拍头

纠正方法：击打球的正后部，球拍触碰到球时拍面保持垂直于地面，从下向前向上通过击球点，且保持球拍拍面始终朝着击球的方向，这样击出的球就能兼顾旋转和速度。

正手上旋球错误纠正方法

练习方法：使用两个球，一个是目标球，一个是击打球，在地面上使用球拍拨动击打球滚向目标球，身体上半身模拟击球时的姿态，朝目标球笔直地拨动击打球，这个练习会让运动员体会到击球时拍面朝向的感觉（图1-17）。如果运动员拍面不能保持稳定，则击出的球容易出现偏离。

图1-17　体会到击球时拍面朝向的感觉

第二节　双手反拍击球

双手反拍击球

一、双手反拍击球的转体和转肩

分腿垫步完成以后，左脚向左转的同时上半身充分向后转体，身体重心转移至左脚，此时以左脚为轴心，转肩时带动手臂顺势向外向后带动球拍移动，转肩至少 90°（图 1-18）。

图 1-18　从外向后引拍

关键点：转体转肩的同时左脚脚尖由向前转向左侧，且使右手臂伸直而左手臂弯曲。

教练提示：此时身体重心在左脚上。

二、双手反拍击球的向后引拍

引拍完成后球拍向后指向斜上方 45°左右，转肩至侧面至少 90°，也就是右肩至少与球网垂直，此时的重心在左腿。右手臂几乎是伸直的（注意不是僵直），要能感觉到右肩被拉伸，左胳膊肘必须有弯曲。

双手反拍击球的引拍分为向上和向下两种引拍方式。女子运动员多采用向上引拍，也就是双手先在身体侧前方举起球拍，然后球拍向后向下呈环形运动；而男子运动员则更多采用向下引拍，也就是当引拍开始时，双手要降低到腰部以下的位置，但拍头不能下垂指向地面，而是让球拍大致平行于地面。接下来，由手臂带动球拍以几乎直线的方式向后摆动，在球拍拉至离身体左后方最远处时略微上举拍头（图 1-19）。

图 1-19　双手反拍击球的引拍

关键点：向后引拍的同时，继续转肩并侧对球网。

教练提示：在双手反拍击球的引拍过程中，双手要借助肩膀的转动顺势做一个类似"搅拌"的动作，也就是转肩时双手顺势向外向后再向内。

三、双手反拍击球

完成引拍准备动作后，外侧脚也就是右脚向前方跨出，采用关闭式站位击球，当然外侧脚也可以不向前迈步直接采用开放式站位。运动员在准备击球时，由后（左）脚蹬地推动身体重心向前移动至前（右）脚，而后脚脚后跟抬起，左膝关节内扣由侧方转向前下方，将身体重心降低（图 1-20）且上半身转向球网，并将球拍挥至击球点（图 1-21）。

图 1-20　身体重心降低　　　　　　　　图 1-21　击球点靠前

关键点：重心向前移动的同时应转髋转肩带动手臂和球拍向前移动，此时要注意手臂和上半身成一个整体，力量主要来自重心前移和转肩。

教练提示：球拍拍柄底部对准来球，击球时应保持球拍水平并垂直地面。

四、双手反拍抽球的随挥

当球拍击中球后，继续转肩并让手臂保持球拍向击球方向延伸直至左手臂完全伸直，双臂发力方向保证一致向前，也就是挥送动作可以让球拍尽量穿球而过，击球后继续向前向上挥拍，此时左手臂伸直，而拍头指向前上方（图1-22）。球拍与球发生碰撞之后的行程应尽量延长，行程越长，击出球的落点越深，反之亦然。最后，双臂自然完成挥拍动作，挥向右肩位置（图1-23）。

图1-22 随挥向前 　　　　　　　　图1-23 挥向右肩位置

关键点：球拍向击球点方向移动时拍面要保持稳定。

教练提示：双手手腕在击球时要保持放松，若击球时双手做出一个类似"掰"的动作，能很大程度上提升击球的力量和增加球的旋转。

五、双手反拍击球的纵向挥拍

双手反拍击球的纵向挥拍指球拍从击球点继续向前向上随挥，击球及随挥阶段要保持双手手腕稳定，拍面朝向击球方向并延长推拍的距离，注意球拍不是横向挥动，而是沿着纵向挥动，最后球拍落在脑后（图1-24），球拍的结束位置可以作为检验是不是纵向挥拍的标志。

双手反拍击球
的纵向挥拍

图 1-24 纵向挥拍

关键点：球拍与球发生碰撞后，球拍拍面应保持稳定并继续向击球方向移动。

教练提示：双手反拍击球时采用纵向挥拍可以有效提升击球的稳定性，对于初学者来说击球稳定性是非常重要的。

六、双手反拍击球的提腕动作

当双手反拍击球较为稳定后，可以加入提腕动作。向前挥拍时将拍头朝下，到击球点时再恢复到正常的击球姿态，这就是双手反拍击球的提腕动作，可以提升球拍拍头的速度，同时能给球施加充分的包裹，增加击球的稳定性（图 1-25）。

双手反拍击球
的提腕动作

图 1-25 双手反拍提腕动作

关键点：击球后的随挥动作与纵向挥拍一致，仍然是球拍落在脑后。

教练提示：提腕动作只适合双手反拍击球，不适合单手反拍击球。

七、双手反拍击球的常见错误

1. 击球时抬大臂

初学者在双手反拍击球时会抬起持拍手的大臂（图 1-26），身体重心无法自然地向前转移，导致非持拍手受限，很难做出流畅的击球动作。

图 1-26 击球时抬大臂

纠正方法：找一根绳子或皮筋将自己的持拍手的大臂和身体捆在一起（应注意松紧度适中），限制持拍手击球时抬大臂，这样非持拍手就可以很自然地向前挥送。

2. 向后引拍时没有降低重心，肩膀向前倾斜

初学者在反手击球时身体重心普遍偏高（图 1-27）。原因有三点：一是不清楚身体重心需要降多低；二是不够重视；三是腿部力量不足。

图 1-27 身体重心偏高

纠正方法：身体重心降低多少是以有利于击球发力作为标准的，降低身体重心的关

键是：向后引拍时身体重心应落在外侧脚。初学者练习时可以将身体重心落在踏板上，做徒手挥拍练习。

3. 错误的随挥

正确的双手反拍击球随挥轨迹应该是由下向前向上的。但不少初学者直接从身体左侧将球拍挥到右侧，这会导致推送动作不充分，击出的球没有力量且落点无深度（图1—28）。

图1—28　错误的随挥

纠正方法：背对挡网练习双手反拍击球挥拍动作，尽量找向前挥送球拍的感觉，随挥时球拍不能碰到挡网。

第三节　单手反拍击球

单手反拍击球

一、单手反拍击球的引拍

在做分腿垫步的同时，右脚前掌发力使身体重心向左移动，左脚脚尖向左转动或右脚向左方移动一小步，将重心转移至左脚，身体上半身向左转动带动球拍向后引拍（图1—29）。在引拍过程中，左手臂主要起辅助右手臂引拍的作用，左手臂肘关节应抬高。

当身体重心在左脚时，运动员可以采用关闭式站位，也可以采用开放式站位。此时，持拍手手臂是弯曲的，拍头向上。上半身继续转动，带动右手臂向后移动，直到右肩对着来球方向，此时右肩正好在下巴的下方。

关键点：在击球引拍时，转肩一定要充分，以免错过最佳击球点。

教练提示：在引拍完成阶段，应将左肘关节抬起，球拍拍头斜向上指向天空。

图 1-29　重心在左脚，左手辅助引拍

二、单手反拍击球阶段

身体重心移至右脚标志着击球动作的开始，此时拍头应降低（图 1-30），要低于此时预判的击球点。当左手从拍喉处离开时应注意左手离开球拍时机，要在球拍下落到位后左手才松开球拍。

准备击球时，转动髋关节使身体上半身和右手臂形成一个整体，由髋关节和肩转动带动球拍移动至击球点，在到达击球点前，右手臂的肘关节伸展且手臂伸直，将球拍向击球点挥出，在右侧髋关节的高度击中来球，此时拍面与地面垂直并朝向击球的方向（图 1-31）。

图 1-30　拍头降低，重心前移

图 1-31　拍面与地面垂直

关键点：击球时，身体上半身与手臂成为一个整体，由髋关节和肩转动带动手臂击球。

教练提示：在击球时，右手臂应放松伸展，手腕保持稳定但并不僵硬。

三、单手反拍纵向击球的随挥

随挥是在击球后自然停止发力，但球拍仍向挥拍方向随势挥出，不同的随挥动作会对击球效果产生很大的影响。在纵向挥拍中，手腕保持稳定，拍面尽可能朝着预期的击球方向挥出，而肩关节则尽可能保持在侧面的位置，此时右手臂向前延伸是有限的，所以右手臂最后表现出向上的姿态，而球拍拍面则表现为逐步向上打开，几乎与地面平行（图1-32）。

图 1-32　右手手臂向前上延伸

在随挥阶段，左手臂继续向后展开指向后面，以确保在击球和随挥阶段双脚和身体上半身处于侧身位置。因此在整个击球过程中，左手臂是不能向前移动的，不然就会造成击球的不稳定，甚至左手臂会下意识地向后移动。

关键点：在纵向挥拍时球拍拍面要保持稳定，手臂不进行旋外动作。

教练提示：单手反拍纵向击球的随挥能更好地保证击球的稳定性，但力量性较弱，更适合初学者采用。

四、单手反拍横向击球

单手反拍横向击球

相比于单手反拍的纵向击球，单手反拍横向击球的球速更快。在单手反拍纵向击球时，身体并没有进行过多的旋转以增加球拍的拍头速度，而是更多地强调击球的稳定性。而单手反拍横向击球则是在纵向击球比较稳定后，为了追求更快球速的一种击球方式，适合击打小斜线和低平球。

单手反拍横向击球与纵向击球的最大差异在于击球阶段和随挥阶段，而准备姿势和引拍阶段则保持一致。当准备击球时，以右肩到右脚为轴进行旋转，转动身体以增加球拍的拍头速度，达到增加球速的目的。单手反拍横向击球的球拍是从下向上横向通过击球点的，当右手臂在球拍与球发生碰撞时进行旋外的动作。最后，身体打开面向球网，

球拍拍柄底部指向球网（图1-33）。

图1-33 单手反拍横向击球

关键点：在球拍与球发生碰撞时保持手腕稳定，同时手臂进行旋外的动作。

教练提示：在单手反拍横向击球时，手臂的旋外动作类似于进入房间开门时的旋转动作，但不可用力过猛。

五、单手反拍上旋球的击球

单手反拍上旋球是一种兼具了速度、力量和稳定性的击球方式，其在身体的发力方式上与单手反拍横向击球相似，但是随挥与手腕的移动轨迹有较大不同。单手反拍击打上旋球时一般采用东方式和半西方式反手握拍的方式，在击球时以右肩和右脚为轴进行旋转带动球拍移动，在球拍与球发生碰撞时，由持拍手带动球拍从下向上以增加球的旋转。

关键点：击球时尽量采用纵向挥拍方式，若过早进行横向挥拍会造成击球的不稳定。

教练提示：当以东方式和半西方式反手握拍的方式击球时，手背与手腕是向内屈曲的，拳面与拍面在一个平面上。

六、单手反拍击球常见的错误动作

1. 鱼摆尾式抽球

在单手反拍击球过程中，球拍由后向前挥动至击球点后，手腕的过度活动导致球拍像鱼尾巴一样摆动，这种动作被称为鱼摆尾式抽球。这种击球方式主要依赖手腕的力量，未能充分利用身体的其他部位，如肩膀、背部和腿部的力量。鱼摆尾式抽球不仅降低了击球的力量和稳定性，还可能导致手腕受伤。

纠正方法：击球时保持手腕稳定，避免过度活动，手腕稳定对于控制球拍的方向和力度至关重要。正确的击球动作应包括身体的转动，合理利用肩膀、背部和腿部的力量来增加击球的力量。转体动作可以帮助运动员更好地控制球拍，同时减少对手腕的依赖。

2. 击球时抬肘

击球时始终让肘关节领先在前并向上抬起（图 1-34），是造成单手反拍击球效果不佳的主要原因之一。比如，错过击球点、很难打出斜线球等都与击球时抬肘有关。长期在击球时抬肘，还有患网球肘的风险。

图 1-34　击球时抬肘

纠正方法：在持拍手臂腋下夹一个网球，在向前挥拍击球且击到球之前，网球不能从腋下掉落。

3. 不利用非持拍手

单手反拍击球时，很多初学者会将非持拍手一直落在身体的旁边（图 1-35）。这会导致引拍动作和击球时身体重心不稳，双臂不协调，也不利于持拍手发力或放松。

图 1-35　不利用非持拍手

17

纠正方法：当球飞向身体左侧时，用非持拍手握住拍喉，持拍手不握拍柄。持拍手在拍柄延长线外随身体一同转动，等到将要向前挥拍时，再用持拍手握住拍柄将球击出。

第四节　正手切削球

正手切削球

一、正手切削球的站位及引拍

正手切削球一般情况下是防御性的，当被对手大范围调动，跑不到位的情况下打出一记正手切削球过渡是比较明智的打法，此时很难站稳并有力地蹬地，因此在切削球时较多采用开放式站位。当然，并非所有的正手切削球都是被动的，运动员可以根据场上形势进行主动切削，以达到战术变化的目的，但要保证回球落点的深度和角度。

正手切削球一般采用大陆式握拍方式，在向后引拍时拍头朝向身后的围网，拍柄指向来球方向，球拍要上举使拍头高于手腕，同时拍面保持打开（球拍击打球的那一面拍弦朝上）状态（图1-36）。

图1-36　正手切削球的站位及引拍

二、正手切削球的击球

正手切削球的挥拍轨迹是由体侧上方向前向下的弧线，此时拍面略微打开，球拍击打球的中下半部分，以便让球产生下旋。向前挥拍击球时手腕保持稳定，肘部稍微弯曲（图1-37）。

教练提示：球拍接触球时拍面一般打开30°~45°，根据击球点的高度可适当调整拍面角度。如果球拍打开过早或过多，回击的球就会又高又浅。

图 1－37　正手切削球的击球

三、正手切削球的随挥

击球后向目标方向继续推送球拍，可更好地控制击球的深度和方向。身体的转动是控制切削球路线的关键，通过合理的身体转动可更好地控制球的飞行轨迹。在随挥时，拍面自然打开，球拍应绕身体移动，随挥的路径应是一个流畅的弧线（图 1－38）。需要注意的是：随挥时拍面自然打开是因为持拍手臂会自然地向上移动，手臂向上移动的过程中拍面逐渐打开。

图 1－38　正手切削球的随挥

教练提示：直线切削时拍面朝向正前方，击球后要充分地向前推送，身体左转幅度较小。斜线切削时拍面微微朝向左侧，击球后向斜前方推送，身体左转幅度较大。

第五节　反手切削球

反手切削球

一、反手切削球的转体和引拍

　　反手切削球可分为防守性切削球和进攻性切削球。反手切削球通常采用大陆式或东方式握拍，东方式握拍在职业运动员中更为常见。反手切削球在准备和击球时能够通过假动作迷惑对手，同时可以击打出深球和浅球，所以，反手切削球在比赛中非常实用，既可以在被动防守时使用，也可以在底线变换节奏时使用，还可以在随球上网时使用。

　　在准备动作完成以后，左脚向左侧迈出一小步，身体上半身转动带动球拍向后向上移至与肩同高（图1-39），左手托住球拍的拍喉，右手臂在引拍时保持弯曲，肘关节几乎成直角，右脚向前跨步迈出，至少与髋关节同宽，眼睛紧盯来球。当引拍动作完成后，球拍拍头应位于后脑勺稍后一点的位置，且拍面是打开向上的。

图1-39　转体带动球拍移至与肩同高

　　关键点：当引拍动作完成后，身体重心在左脚上；手腕保持稳定，确保力量能够从手臂直接传递到球拍，进而传递到球上。

　　教练提示：引拍时非持拍手托住拍喉，保持拍面稳定，放松状态的持拍手有助于流畅地完成击球动作，从而提高击球的控制力。

二、反手切削球的击球

　　在击球时，身体重心由左脚转移至右脚，通过躯干的转动带动手臂移动至击球点，在球拍到达击球点前身体应保持侧身姿势。在球拍快到达击球点时，左手向后移动，击球点在右脚左侧前方（图1-40）。此时两肩要略微倾斜（右手持拍者的右肩比左肩低，图1-41），动作自上而下，向下挥动时要循序渐进，向前挥出时使球和球拍的接触时间尽可能延长，但不要做成从上往下再往上的勺子状动作。触球时手臂伸直，要注意不是僵直，可以略微弯曲。

图 1-40　击球点在右脚左侧前方　　　　图 1-41　两肩要略微倾斜

关键点：当球拍与球接触时，右手臂的腋下是不能过多打开的。手腕与球拍保持 L 形，保持手腕稳定。

教练提示：身体重心由左脚转移到右脚，即由后向前转移。

三、反手切削球的随挥

击球后，球拍继续沿着击球时的轨迹向另一侧挥动，整个击球动作是连贯的。持拍手臂应从外侧向内侧移动击球，从而给球施加下旋。挥拍动作结束后，球拍拍面向上且略高于肩，左手向后伸展，以保持身体的平衡（图 1-42）。

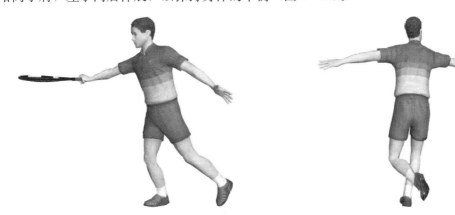

图 1-42　左手向后伸展，以保持身体平衡

在反手切削球时，身体的朝向直接决定着击球的质量。如果是切削斜线球，身体可稍微打开；如果是切削直线球，那么身体必须保持侧向，这样有助于身体重心的前压。

关键点：击球后身体继续向前移动，可采用后交叉步或上步，这有助于养成击球后身体重心压上去的习惯。

教练提示：拍头的运动轨迹是一条从身体外侧到内侧再到外侧的弧线，即便是切削直线球，也应有一个向前的挥拍动作。

四、反手切削球常见的错误动作

1. 过早打开身体

切削击球后应该保持侧身朝目标方向继续推送，而不是过早打开身体正对球网、绕身随挥收拍（图1-43）。过早打开身体会导致击球的力量不足，没有前冲力，很难保持击球的稳定性，更无法控制击球的方向和深度。

图1-43 过早打开身体

纠正方法：切削击球时采用交叉步向前移动，能有效帮助身体侧身向目标方向移动，避免过早打开身体。

2. 下刹太多

很多初学者在尝试切削击球时往往会出现下刹太多（图1-44）的错误，即球拍移动的路径过于垂直向下，会造成我们常说的削得"太薄了"。如果球拍移动路径是由上向下的，那么击球时很难产生足够的向前动力，导致击出的球往往又高又浅。

图1-44 下刹太多

纠正方法：站在网前，身体正对球网进行单手反拍切削随挥练习，挥拍过程中拍面略微打开，让拍框下边缘接触网带，并向前滑动 1 米左右的距离，然后继续完成挥拍动作，完成随挥。

3．手腕松动

在切削击球时手腕松动会导致拍头下垂（图 1—45），无法保持拍面的稳定，降低击球时的力量。另外，手腕松动会导致球路控制不准确，影响击球效果，还可能增加手腕受伤的风险。

图 1—45　手腕松动

纠正方法：确保使用正常的握拍方式，握拍位置越靠近拍头，固定手腕会越轻松，所以试着将持拍手的握拍位置向拍头移动，如一开始握在拍喉位置，然后逐渐下移，直到在常规握拍位置也能做到固定手腕。还可以通过特定的手腕力量训练来增强手腕的稳定性。

第六节　放小球技术

放小球是网球运动员在比赛时经常采用的一种技术，它可以帮助运动员在关键时刻改变比较节奏，给对手制造困难。在比赛时能够击打出轻松越过球网，在对手发球区内有两次弹跳且都不高于球网的回球，被称为高质量地放小球。在比赛中，除了运用底线技术大幅度调动对手创造得分机会外，还可以利用放小球技术迫使对手快速移动，从而造成对手失误。一般情况下，当对手处于后场或是将对手拉至左（右）侧时，可以采取向网前或右（左）侧放小球。另外，放小球的假动作和时机，是放小球能够成功的关键因素。

运动员在放小球时通常采用大陆式握拍，在正手放小球时采用正手击球的引拍方式，因为运动员在正手击球时多采用东方式或半西方式握拍，在正手引拍完成后，持拍手应将握拍方式换成大陆式握拍。

关键点：放小球的准备姿势应与正常击球的准备姿势一致，这在一定程度上可以起到迷惑对手的作用。

一、正手放小球的技术动作

正手放小球的质量高低取决于运动员在击球时能否对球很好地卸力，这需要在击球时通过球拍拍柄带动拍面和拍头，使球拍由上向前向下移动，以达到卸力的目的。在击球时，小臂的外旋动作有助于控制球拍的角度和力量。在击球时，持拍手的肘关节处于身体的前方，击球点也在身体的前方，这样可以更好地发力（图1-46）。

图1-46 正手放小球技术动作

关键点：击球时由拍柄带动球拍由上向前向下移动。

教练提示：手臂过度紧张可能会影响技术动作的流畅性和击球的质量。放松手臂可增加灵活性和控制力，越容易放出高质量的小球。

二、反手放小球的技术动作

反手放小球的准备姿势和引拍动作与反手切削球或反手抽球的动作一致，如果是反手抽球的引拍动作，那么需要调整握拍方式以更好地击球。准备击球时，身体重心应向前移动，挥拍轨迹由上向前向下移动，此时拍面打开向上，左手离开球拍并做反向运动，身体重心在左腿上，这有助于运动员控制好身体（图1-47）。

关键点：引拍动作要与正常击球动作一致，击球时都是由拍柄带动球拍击球，以产生卸力的效果。

教练提示：将注意力放在拍柄上。

图1-47　反手放小球的技术动作

三、放小球时机的选择

放小球是网球比赛中的一种技战术，它要求运动员在合适的时机使用，以达到出其不意的效果，那么，什么时机才是合适的呢？

（1）选择来球弹跳高度处于腰和胸之间时放小球，便于控制球的落点和速度。

（2）在来球的上升期或弹跳至最高点时击球。如果在来球的下降期才开始击球，就会给对手更多的反应时间。

（3）不要临时起意或在身体失去平衡时放小球。

（4）在底线附近不是放小球的理想位置，应选择在底线和发球线之间的区域放小球。

放小球应预判球的弹跳高度和落点，一旦预判准确且符合放小球的时机，才能放出一记理想的小球。反之，当对方来球不符预判，或者身体失去平衡时，应避免放小球。另外，放小球时应有意识地将身体重心迎向网前，这样即使对手接回小球，也能更快地做出相应的回球准备，从而为自己创造更多的得分机会。

第七节　截击球技术

截击球的"截"字是该项技术的核心，即在球的飞行过程中，通过判断和移动来"截断"其既定的飞行路线。截击的"快"在本质上是节奏的快，而不仅仅是速度的快，因为它涉及对比赛节奏的控制和时机的把握。

正手截击球　　反手截击球

一、截击球技术的准备姿势

大陆式握拍是截击球常用的握拍方式，运动员右手握住拍柄，左手托在拍喉处，拍头斜向上使球拍与右手臂成 L 形，球拍位于身体的中间位置，而手和肘关节位于身体的前方。此时，身体前倾，重心压在双脚的前脚掌（图 1-48），脚后跟微抬，以便更快的启动击球。

图 1-48　重心落在双脚的前脚掌

关键点：肘关节位于身体的两侧或后面是错误的准备姿势。

二、截击球技术的转体引拍

正手截击球时，首先将右脚向右侧迈出一小步，使右脚脚尖指向右前方 45°左右。在迈出右脚的同时进行转肩动作，此时转肩 45°左右即可，球拍随着身体的转动而移动，小臂外旋 45°左右即引拍完成，此时拍头指向斜后方，拍面稍微打开指向上方。在引拍时，眼睛能看到球拍的背面，转体不是单指身体躯干的转动，而是手臂、肩膀和躯干作为一个整体向右转动，由此带动球拍向右转动。当正手截击引拍完成后，理想的姿势应该是球拍与手臂大致成 U 形（图1-49），球拍与大臂是"U"的两侧，小臂则是"U"的底部。

图 1-49　球拍与手臂大致成 U 形

反手截击球时，左脚向左侧迈出一小步的同时进行转肩引拍，此时左脚脚尖指向身体的左侧，右肩垂直于球网，右手持拍且右小臂内旋 45°左右，使球拍拍头指向斜后方，拍面稍微打开指向上方。引拍时左手托住拍喉，同时将肘关节抬起。反手截击时持拍手手腕有一个向上翘的动作，能够更好地起到保持动作完整性的效果。当反手截击引拍完成后，大臂、小臂和球拍大致上成 U 形。

关键点：截击转体引拍时一定是先使右（左）脚向右（左）侧迈出一小步，在迈步的同时完成转肩引拍。

教练提示：截击时虽然转动肩部和上体带动球拍后引，但转动幅度一定要小。

三、截击球技术击球阶段

截击动作要短小、紧凑并且向目标方向随挥，在准备击球时应快速转动上体并把球拍拍面置于球的飞行轨迹上。根据来球的高度做出不同的击球选择，当来球高于球网时，应尝试打向对手空当，这样可迫使对手移动；而来球低于球网时，则应该采用更保守的处理方式，如沿直线把球回深并等待下一次击球的机会。击球时，身体重心由后向前移动，同时左（右）脚向前方迈出，由身体重心的移动带动球拍向前移动主动迎球，保持手腕与拍柄成 L 形。在截击击球前让拍头滞后于手腕，可将拍柄盖指向来球，这样能在击球时利用杠杆效应，加快拍头速度和增加击球力量。

反手截击时，球拍从上向前向下移动，在这个过程中逐渐伸直手臂，要多注意把球拍往前"送"（图 1-50），体会用球拍把网球向前"赶"的感觉，触球后的球拍仍应继续朝着网球落点方向移动，左臂适时自然向后伸展，以保持身体平衡。正手截击的最后动作是随挥，随挥幅度以不超过身体左侧为宜，即便是主动发力去截击一个球速很慢的球，球拍也不要收在左腿的外侧。

图 1-50 击球时球拍继续前"送"

关键点：在截击时，手腕和球拍移动的距离应一致，同时手腕应保持稳定，避免翻动。

教练提示：截击时球拍的挥动轨迹是由自己的外侧向内侧移动的，正手截击时肘关

节向腹部靠近，击球后身体重心要下沉，转移到前脚。

四、正反手高位截击球技术

正反手高位
截击技术

高位截击通常在网前进行，是在得分机会出现后的决定性一击，高位截击时击出扎实有力的回球固然很重要，但最主要的还是将球击到对手的空当处，对落点的控制更加重要。高位截击（图1-51）是从高往低打，即便击球的力量不是特别强，只要能够精准地将球击向对手空当或弱侧，就能达到技战术目的。

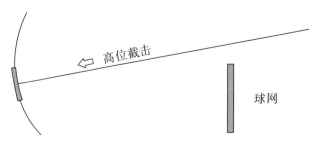

图1-51 高位截击状态

高位截击中的挥拍动作是非常重要的，将球拍举至高于来球路线的位置，拍头指向斜后上方，击球时保持拍面不变，从上往下、从外侧向内侧引拍击球，此时身体重心由后脚向前脚转移，保持上身的稳定，身体重心下沉。在从上往下引拍击球时，手腕有从外侧向内侧移动的感觉。正手高位截击应收紧腋下的同时从上往下引拍击球，而反手高位截击时不宜向下挥拍过多，向下挥拍过多会出现下网或击球没有深度的情况。

关键点：高位截击更需要转肩带动引拍，仅靠手臂和手腕无法提高击球的稳定性和力量。

教练提示：充分利用身体，同时保持肘部高抬。拍面不过于打开或关闭，以确保扎实地击球。

五、正反手低位截击技术

低位截击一般在被对手攻击，处于被动防守时使用，此时的目标是将来球回击得更深，从而为自己创造反击的机会。在低位截击时，首要是要击打球的底部，要求将拍面立起，同时要把身体姿势放低，那么就要求运动员有较好的腿部力量。而业余运动员在击球过程中较难完成同样的技术动作，是因为运动员在较多的情况下要保持拍头立起，同时要把身体姿势放低，这样形成不正常的姿势，进而会影响击球的质量。因此，业余运动员可以采用不过度降低身体重心的方法来达到降低球拍的目的，在保持手腕稳定的同时，把手臂整体放低，就可以在不过度降低身体重心的情况下完成低位截击的动作要领。在击球时，向前推拍可以帮助运动员完成质量较为稳定的低位截击。但该动作也有不足，即只能击打距自己身体较近的低位球，当球距离身体较远时会导致手腕动作变形。

六、截击球技术的上下肢配合及节奏

在正反手截击时，其节奏配合是出右（左）脚的同时转肩引拍，重心转移至右（左）脚，随着身体重心开始向前移动，左（右）脚向前迈出的同时球拍向前移动击球，此时左（右）脚在空中，当左（右）脚落地时，球已击出，球拍继续向前随挥，右（左）脚向前跟进。截击的节奏是第一步要慢，也就是迈出同侧脚要慢，要有等的感觉；而第二步要快，也就是上对侧脚和跟进要快；第三步要跟进，也就是身体重心要压到前脚上，若没有跟进也就没有随挥，力量就释放不出来，同时也会影响击球后的回位。

关键点：截击的力量来源于蹬腿、转髋和送肩，以及身体重心向前压上的推进力量。

教练提示：当球拍触球后，眼睛要继续盯着网球，这有助于提高对球路的控制和预判。

七、截击球常见的错误动作

1. 引拍时掉拍头

在正反手截击引拍时，如果拍头倒下且拍面完全向上指向天空（图1-52），这会导致击球时力量控制不当，容易使球出界。为了能够更好地控制球，必须尽量避免球拍完全放平，在引拍结束时拍面应该是斜向上的。

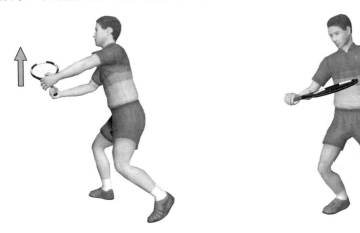

图1-52 引拍时掉拍头

纠正方法：在正手截击时，应以右手臂的肘关节为中心，由上半身转动带动整体完成引拍，引拍完成时拍面斜向上。在反手截击时，非持拍手臂的肘关节抬高几乎与肩齐平，拍面斜向上。

2. 引拍动作过大，导致错过最佳击球点

初学者常犯的错误是将右手臂的手肘向右移动到肩膀后方（图1-53），这个姿势无法形成稳固的结构，进而会导致击球点靠后且出现不当的挥拍轨迹。此时，如果眼睛看不到球拍，则说明引拍动作过大了。

图1-53 引拍动作过大

纠正方法：针对引拍动作过大的问题，练习者可采用在身后放置障碍物进行截击练习，以迫使自己不做出大幅度的引拍动作。练习者可以通过墙壁或拦网等障碍物，进行截击练习。

3. 击球时手腕不固定

截击球时，必须将拍面和手腕作为一个整体来完成击球动作。初学者容易出现手腕松动、翻拍头等错误动作，这是手腕不固定（图1-54）、拍面不稳定造成的。

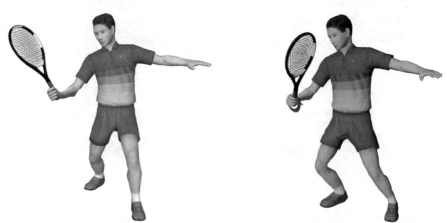

图1-54 手腕不固定

纠正方法：立起拍头，固定手腕，观察腕关节处是否"锁住"。

4. 向前推送不够

初学者在反手截击中常犯的错误是向前推送的力度不够，他们往往更加注重用球拍从上往下斜着去"切"球，忽略了需要给球施加向前的力量。在挥拍过程中给球施加向前的力时，会产生一种用肩膀往前推送球的感觉。

第八节　正手高压球技术

高压球技术

一、正手高压球的引拍

球拍应从身体侧向从前向后向上引拍至加速点（图1—55），此时左手向上指（可以想象用左手掌在身体前上方接住来球，如图1—56所示）以产生向前张力。眼睛要盯住来球，上身向右后方转动，身体重心应转移到右腿上。

图1—55　球拍侧向从前向后移动　　图1—56　非持拍手指向球

关键点：引拍时，持拍手肘关节与双肩在一条直线上，与地面几乎平行。

教练提示：举起球拍和非持拍手，应该在同一时间完成。身体应随着脚步的移动而转动，如果来球比较浅，运动员可以以侧身的姿势朝着球的方向前移。

二、正手高压球的击球

眼睛盯住来球，上身向右后方转动，身体重心也随之移到右腿。右小臂旋转挥拍击球，击球点应在额头前上方40～50cm的位置，这个位置可以提高击球的容错率，同时也能够减轻肩部负担（图1—57，图1—58）。

图 1-57　小臂旋转

图 1-58　击球手臂向上伸直

关键点：除非迫不得已，一般不在移动时击球。

教练提示：击球前应停止移动，身体一定要站稳。

三、正手高压球的随挥

触球之后可以通过随挥来进一步提升球速，随挥过程中球拍是向前下方挥动的（图 1-59），这样能进一步降低球的飞行弧度，使球更快落地。

图 1-59　正手高压球的随挥

四、正手高压球的脚步

从技术层面上看，正手高压球与发球的技术特点非常类似，但实际上，正手高压球比发球更难掌握，主要原因在于发球是自己抛球在原地进行击打，而正手高压球需要运动员不断调整身体位置来找到合适的击球点，并且球下落方向也是不固定的。因此，要想打好正手高压球，步法的运用是非常重要的。

在击打正手高压球时，一般情况下运动员是先向前移动，接着再用后撤步找到击球点，而不是直接向前移动身体正对着球网进行击球。在运动员向前移动再向后撤步的过程中，会有更多的时间对身体进行调整。同时，后撤步最大的好处是能帮助我们向右侧身转体，形成与发球一致的身体姿态，更利于身体发力从而增加击球的力量。当运动员运用后撤步距击球点仍然有一定距离时，可采用滑步或交叉步移动到击球点，再用小碎步对身体进行微调。

五、正手高压球常见的错误动作

1. 引拍过晚

引拍过晚不仅会影响准备动作，而且面对球网向后移动时很容易导致摔跤。

纠正方法：当对手有挑高球动作时，可提前做好侧身引拍的准备。教练可在底线挑高球，并发出"1"的口令，引导学生适时做引拍动作。

2. 低头过早

低头过早（图1-60）很容易导致击球的线路过短甚至下网，还可能找不准击球点。

图1-60　低头过早

纠正方法：进行徒手抓球练习，移动脚步，盯准来球。左手高举指向来球，通过移动脚步用左手抓住或者接住来球。

第九节　发球技术

一、发球的准备姿势

发球者站在球场底线后面，位于中线的右边或左边，左手持球、右手握拍。当发球者采用大陆式握拍时一般侧对球网，左脚与底线约成 45°，右脚自然站立且与底线平行。持拍时，拍头指向球网，高度在骨盆附近，左手手指持球对准拍喉，身体重心落在左脚上（图 1-61）。

图 1-61　发球的准备姿势

关键点：身体要站稳并保持平衡。

教练提示：在发球时手臂肌肉放松，可帮助运动员更好地控制球拍，给予球更大的速度和力量。

二、发球中的抛球

身体重心后移，双臂同时下垂，为发球做准备。持球的左手臂下降后保持伸直，以左肩为轴由下向上，大臂带动小臂，将球托起，在头顶部（视线齐平处）将球抛出，抛球时左手臂几乎与底线平行。球抛出后，左

手臂继续上举，直至指向天空且贴近耳朵。左手臂的充分上举能更好地形成身体反弓，从而积蓄更多的身体力量。抛球的最低高度应为伸直的手臂加上球拍的总长度（图 1-62）。在球拍上举的过程中，身体的重心逐渐前移，在重心前移的过程中，双膝应大幅度弯曲，将身体的重心移动到双脚前脚掌。抛球、引拍、屈膝三个动作同时完成，形成 L 形的奖杯姿势，此时球处于最高点。

图 1-62 抛球的高度

关键点：保证手臂在球出手后继续上举，贴近耳朵。

教练提示：上旋球、平击球、侧旋球的抛球位置是不同的（图 1-63）。抛球手像端起小酒杯一样（图 1-64），拇指、食指和中指在上握住球，无名指和小指在下托住球，手臂上举抛球在临近离手时手腕向上挺起，不要勾手腕，应有一种将球送上去的感觉。这种抛球方式因受人体关节的限制，不易产生多余动作，对球上抛的影响较少，因此被大多数运动员采用。抛球的稳定性很大程度上决定了发球的稳定性。

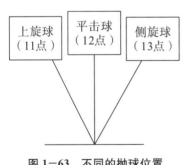

图 1-63 不同的抛球位置

图 1-64 成"端酒杯"状

三、发球技术的后摆与引拍

后摆开始时，身体重心由左脚向右脚移动（图 1-65），持拍手移至身体侧面，拍头基本指向地面。引拍完成时，持拍手的球拍和小臂形成 L 形（图 1-66）且身体重心下降、腿部弯曲（图 1-67），球拍拍头在运动员头部后上方。抛球、引拍、屈膝三个动作同时完成，形成 L 形的奖杯（图 1-68），此时球处于最高点。

发球技术的
后摆与引拍

图1-65 身体重心由左脚向右脚移动

图1-66 球拍和小臂形成L形

图1-67 重心下降、腿部弯曲

图1-68 L形的奖杯姿势

关键点：应注意身体重心的转移应与手臂的摆动相协调。

教练提示：引拍与抛球是同时进行的，如果过早地做引拍动作，球拍不能在击球点获得最快的速度。此时，应让球拍流畅地挥动，使球拍得到足够的加速度，才可以在击球点获得最快的击球速度。

四、发球中的击球

运动员应采取奖杯姿势，双腿充分蹬地的同时由髋带动肩膀转动（图1-69），使力由下向上传递。在双腿蹬地带动肩膀转动的同时，由于惯性作用，持拍手小臂开始外旋，球拍开始向后向下移动，最后球拍与小臂均成L形。在此过程中，抛球手下落至胸前。

发球的击球

肩膀继续转动带动手臂和球拍朝击球点移动，当肩膀转动到一定程度时（此时还没有完全朝向球网），持拍手大臂停止转动，小臂继续带动球拍向击球点移动。在快要接近击球点时，手臂内旋带动球拍击球。击球时手腕要保持固定，球拍随着大臂和小臂的旋转而移动，如图1-70所示。

图 1—69 双腿蹬地转肩   图 1—70 击球

关键点：当小臂带动球拍移动时，应向身体右侧方 45°方向挥动。

教练提示：从引拍到击球，眼睛始终盯住球，当球拍接近球时手臂内旋拍面对准击球点。在击球的瞬间，球拍与手臂应有一定的角度，也就是手腕保持自然且伸直的状态，这样的姿势更容易发力和增加球的旋转。

五、发球中的随挥

当球击出后，由于惯性的作用，运动员的前脚会向前迈出，而后腿应该顺势向后抬起，以平衡前倾的上半身。击球后，后腿应该指向正后方的围网，如果后腿指向旁边的围网，则说明身体旋转过多。落地后，前脚应该指向发球的方向，如果偏左则说明转体过多，偏右则说明转体过少。在球拍触球后，手臂继续带动球拍内旋，此时肘关节弯曲使球拍拍头向下，拇指朝向自己的身体，再继续转动肩膀带动球拍下落至身体腰腹部左侧（图 1—71）。

图 1—71 手臂带动球拍内旋

关键点：球拍下落时，大臂不应立即跟随下落。

教练提示：身体重心应立即向上向前，做好接球的准备。

六、发球的技术动作

1. 侧旋发球

侧旋发球指击出的球在飞行过程中侧向旋转。若要使球产生侧向旋转，则需球拍横向摩擦球的正后方，球拍拍面朝向发球方向，球拍的移动轨迹几乎与击球的方向垂直。如果球拍的移动轨迹与球移动的方向为 45°～60°，那么击出的球能够兼顾球速和旋转。

侧旋发球

2. 侧上旋发球

侧上旋发球同时具有上旋发球和侧旋发球的特点。当运动员采用侧上旋发球时，挥拍轨迹应沿底线向上向右刷球，这种发球方式对身体的负担较小，所需要的力量要小于上旋发球。

侧上旋发球

3. 平击发球

平击发球指击出的球没有旋转，球拍在击球时尽可能水平向前挥出。若想打出速度较快的平击发球，拍头需要快速地调转，手腕的向前挥甩和小臂内旋非常重要，收拍后拇指应指向自己的身体的方向。

平击发球

4. 上旋发球

上旋发球相对于平击发球而言，需要使用背部、腹部和身体躯干的肌肉去发力，是比较难掌握的一种发球类型。采用上旋发球时，身体的朝向非常重要，站位时双脚脚尖和双肩的连线应对准网柱，这样可以防止过早转身（如果是上步式发球，后脚上步时也不能超过开始时双脚脚尖的边线，以免过早转身）。抛球时应该把球抛在左肩的前上方，即球落地时应该落在左肩前方的场地内。

上旋发球

七、持拍手臂的技术动作

发球时，运动员小臂内旋，大臂应同时旋转（图1-72）。

图 1-72　持拍手臂的技术动作

八、发球时的常见错误

1. 击球时左右肩几乎与地面平行，肘关节在肩膀上方

击球前，肘关节与左右肩的连线应近似一条直线。运动员采用奖杯姿势时，应左肩在上、右肩在下，在击球时左、右肩也应如此。错误姿势如图 1-73 所示。

图 1-73　左右两肩平行（错误姿势）

2. 击球前，非持拍手处于下落的状态

在击球前的瞬间让非持拍手一侧的肩制动，有利于手臂和球拍加速，从而提高球速。在抛球时，抛球手上举并贴近耳朵。在准备击球时，抛球手下落收至腹部位置，以达到制动左肩、提高手腕和球拍速度的目的。击球后，抛球手收至身体内侧，与持拍手形成交叉的状态。

若非持拍手处于下落的状态（图 1-74），不仅不能充分地将力传递到手腕和球拍，导致球拍无法加速击球，还可能造成身体失去平衡，以至于发球不稳定。

图 1-74　非持拍手错误位置

3. 击球时，球拍和手臂一起向前向下击球

球拍和手臂一起向前向下击球是发球球速不快的根本原因。正确的动作应是在球拍击球前的一瞬间将肘关节停住，通过肘关节的停止进一步加速挥拍和调转拍头，达到加速拍头的目的。这样击出的球还能增加轻微的上旋，提高发球的成功率。错误的击球姿势如图 1-75 所示。

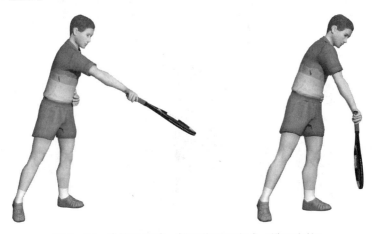

图 1-75　球拍和手臂一起向前向下击球（错误姿势）

第十节　接发球技术

运动员在接发球时应做到以下几点：①在对手做好发球准备时，集中注意力盯准对手将要发出的球；②在对手击球时要提前分腿垫步、调整身　**接发球技术**
体重心，以便运动员可以迅速地向任何方向移动；③分腿垫步完成后，应根据对方击球的路线判断来球是外角还是内角，做好接球准备。需要注意的是：分腿垫

步后到击球前，应根据对方发球的路线调整移动的步法，一般采用交叉步移动。如果发球路线偏向中路，站在原地就可以完成击球，运动员可采用开放式步法，即让双腿基本平行于底线站位进行击球。在完成击球后，要迅速根据自己的击球线路回位，为接下一球做好准备。

接发球的引拍动作要根据对方发球的速度进行调整，在接速度较快的发球时，应该尽量降低身体重心并小幅度引拍，快速地借对方的力量把球"顶"回去。降低身体重心能保持身体的稳定性，小幅度引拍能确保你的击球点保持在习惯的位置，也就是位于身体的侧前方。同时，尽可能保持身体的平衡。即便接发球引拍幅度较小，但也要尽可能地做随挥动作。在接一发球时平击球可能会更多一些，随挥动作应尽量向上收拍于肩部以上；而二发球旋转可能更多一些，此时的随挥动作可以稍微放低平一些，甚至可以收在肩部以下，这与在多拍相持中回击对方的上旋球类似（图1-76）。

图1-76　接发球动作

习题 1

在线练习1

1. 正手击球时手腕关节和小臂会参与的动作有（　　）。

A. 手腕关节弯曲

B. 手腕关节内收

C. 手腕关节外展

2. 下列叙述中错误的是（　　）。

A. 在来回击球过程中，运动员一直处于准备姿势

B. 发球时，运动员双脚处于准备姿势，在底线后"固定的位置"站立

C. 处于准备姿势时，运动员采用分腿垫步的方式并稍稍向上跳跃

D. 准备击球姿势首先在对手发球时被使用

3. 平击发球、切削发球和上旋发球的加速过程非常相似，但它们之间还存在一些重要的区别。下面叙述了不同阶段的动作，叙述对平击发球来说正确的是（　　）。

A. 在击球阶段，小臂强力旋内

B. 击球点在头的上方垂直方向

C. 在击球阶段，小臂几乎没有旋内，而是手腕关节伸展，向上挥拍至击球点

D. 在击球阶段，小臂很少旋内

4. 为了能够击出有力的高压球，下列动作非常有效的是（　　）。

A. 击球时，拍面垂直并且朝向击球方向，球拍的击球部位靠近球的最上部

B. 保持双脚的位置固定不变

C. 击球点在头的上方

D. 击球时，击球手臂尽量伸展

5. 下列叙述符合正手基本击球特点的是（　　）。

A. 正手基本击球是一种为直接得分而使用的"致命的"击球方式

B. 击球手臂从后下方向前上方加速挥拍

C. 在击球瞬间，拍面是垂直的

D. 击球阶段，降低身体重心是非常重要的

6. 正手削球和正手放小球的许多动作是非常相似的，下列叙述对正手放小球来说正确的是（　　）。

A. 击球后，直接向前、向上做很短的随挥

B. 在击球阶段，身体重心向前、向下转移至前腿

C. 在击球的瞬间，拍面接近垂直

D. 在随挥阶段，击球手臂充分向前随挥，然后再向前上方随挥

7. 平击发球、切削发球和上旋发球的加速过程非常相似，它们的许多动作也非常相似，但它们之间还有一些区别。下列对上旋发球叙述正确的是（　　）。

A. 击球阶段，小臂应强力旋内

B. 击球阶段，小臂几乎没有旋内，而是手腕关节伸展，向上挥拍至击球点

C. 击球点在头的上方垂直方向

8. 正手上旋击球和正手上旋挑高球的许多动作是非常相似的，下列对正手挑高球叙述正确的是（　　）。

A. 上半身稍稍后仰

B. 击球动作是从后下方向上方非常急速地挥拍

C. 随挥时是急速向前、向上的

9. 下列情况最可能导致正手回球下网是（　　）。

A. 击球瞬间拍面过于后仰

B. 击球太晚

C. 击球太早

10. 以右手持拍为例，当采用双手反拍击球，引拍后左手与右手的弯曲度相比，（　　）。

A. 左手的弯曲度更大

B. 右手的弯曲度更大

C. 二者没有区别

11. 现代双手反拍技术的发展趋势是越来越注重对非持拍手的运用，身体的(　　)运用得当后能最多的增强击球的力量。

A. 手臂　　　　　　B. 髋部　　　　　　C. 肩膀

12. 如果用双手反拍打直线球，从前后方向来看，击球点相比打斜线球更靠后。那么，从左右方向来(　　)。

A. 打直线球相比斜线球离身体更远

B. 打直线球相比斜线球离身体更近

C. 两者没有变化

13. 一次理想的反拍上旋击球，球拍由下向上的挥拍轨迹与地面的夹角是(　　)。

A. 0~15°　　　　B. 15°~30°　　　　C. 30°~45°

14. 相比男网球选手，更多的女网球选手喜欢采用开放式双手反拍击球，那么开放式双手反拍击球除了在步法上的优势外，它比封闭式双手反拍击球具有更多的(　　)。

A. 线动量　　　　B. 角动量　　　　C. 控制范围

15. 在来球离身体较远的情况下，习惯于双手反拍击球的选手也会调整成单手持拍，采用切削的方式回球。在反拍切削球的过程中，手腕的运动状态应该是(　　)。

A. 稍微向小指方向运动

B. 稍微向大拇指方向运动

C. 保持固定

16. 以右手持拍为例，当左手用东方式握拍，右手用大陆式的双反握拍后，为了可能更多地参与发力，右手调整的方向是(　　)。

A. 向左转

B. 向右转

C. 无论如何调整都不受影响

17. 双手反拍击球比单手反拍击球更具隐蔽性的主要原因在于(　　)。

①击球点略微靠后　②挥拍加速更晚　③击球点左右距离与身体更近　④引拍转身幅度更大

A. ①②　　　　B. ②③　　　　C. ③④　　　　D. ①④

18. 发球时，球拍击球的理想高度应在(　　)。

A. 肩与膝之间　　B. 头与腰之间　　C. 肩与腰之间

19. 发球时，当腿开始发力蹬地向上的瞬间，球拍的运动状态是(　　)。

A. 保持不动　　　B. 跟着向上　　　C. 继续向下引拍

20. 发球挥拍时，(　　)产生最快角速度。

A. 肩　　　　　　B. 肘　　　　　　C. 手腕

21. 发球时的击球瞬间，球拍与手臂最恰当的位置关系是（以右手为例）(　　)。

A. 球拍略比手臂靠右

B. 球拍略比手臂靠左

C. 球拍与手臂成一条直线

22. 发球时的击球瞬间，两肩连线与地面最理想的夹角是(　　)。

A. 0~45°　　　　B. 45°~75°　　　　C. 75°~90°

23. 发球时，如果把球的正面假想为一个时钟面，球拍从 7 点斜向上刷到 1 点，那么击出的球的运动轨迹是（　　）。

A. 落地前弧线左拐，落地弹起后右拐

B. 落地前弧线左拐，落地弹起后左拐

C. 落地前弧线右拐，落地弹起后右拐

24. 下列情况最有可能导致发球下网的是（　　）

A. 抛球太靠前　　　B. 抛球太靠后　　　C. 击球手臂向上伸得过直

25. 如果（以右手持拍为例）在平分区准备发一个外角的切削球，下列风向最适合这次发球的是（　　）。

A. 背后吹来稍微偏左一些的风

B. 迎面吹来稍微偏左一些的风

C. 背后吹来正直向前的风

26. 上旋凌空击球是相对比较难的一种截击技术，最适合接的球是（　　）。

A. 离网近的低球　　　　　　　　B. 离网近的高球

C. 离网远的低球　　　　　　　　D. 离网远的高球

27. 一个速度极快的平击球朝你腹部飞来，这时你已经很难再调整脚步了，那么你应该采取的技术是（　　）。

A. 正手截击　　　B. 单手反拍截击　　　C. 双手反拍截击

28. 以右手持拍为例，当需要用反拍去截击球时，应该在前的脚是（　　）。

A. 左脚　　　　　　　　　　　　B. 右脚

C. 如果球高，左脚；如果球低，右脚

29. 一次理想的截击球，力量主要来自（　　）。

A. 转肩的力量

B. 手臂挥拍的力量

C. 蹬地上步，重心转移的力量

30. 当你来到网前准备截击球时，看到对手正准备向前挥拍，这时你最应该做的一件事是（　　）。

A. 检查握拍是否调换过来

B. 分腿垫步

C. 转肩引拍

31. 网球比赛中，你只能在发球抛球时取得对球的绝对控制，你能将球抛向任意你想抛的位置并发出一记高质量的球，那么你应该将球抛向的位置是（　　）。

A. 身体充分伸展时与拍顶平行的高度

B. 侧前方，接近前脚处

C. 头部稍微靠后，左肩的上方

32. 在普通的平击发球中加入侧旋有一定的难度。要想成功地完成侧旋发球，你应该考虑的技术要点有（　　）。

A. 应该比正常情况下更靠左抛球

B. 应略微向后抛球

C. 拍面在触球时应保持直立

D. 应该试着向右侧切削球

33. 请想象一名左手握拍者的正手截击球运动过程，请用"左"或"右"将下文中的空格填满。正确的是(　　)。

在引拍阶段，上身向_____侧转体，同时_____腿脚步转向。在引拍高于预期的击球点后，_____手离开拍头，并且抬起右脚。在击球阶段，_____小臂向来球伸展。击球动作从后上方向前下方运动。_____手保持在身体前面，以避免身体的转动。击球点在身体前面_____侧。击球后，_____脚迈向击球方向。此时，手腕关节通过手指弯曲肌肉群固定。在随挥阶段（不是有意识的），拍面指向击球方向。

A. 左左右左右左右　　　　　　B. 左右右左右右右

C. 右左右左右左右　　　　　　D. 左左右左右右右

34. 下列关于最佳击球时机的论述，正确的是(　　)。

A. 击球时球处于最佳的击球面

B. 采用正确的握拍方式

C. 保持正确的手腕关节姿势

D. 球处于合适的体侧和距离，必须能在身体前击球

35. 在网球运动中，发球时一般用(　　)方式。

A. 东方式握拍　　　　　　　　B. 大陆式握拍

C. 西方式握拍　　　　　　　　D. 半西方式握拍

36. 快速有力的发球会迫使对手接发球失误。那么，提高发球速度来增加对手的回球难度的方式是(　　)。

A. 开始时使用更多的腿部力量

B. 试着动用身体各部分

C. 保持身体重心不变

D. 在球拍触球前绷紧手臂和肩膀

37. 许多运动员发现，一发球和二发球除了速度以外几乎没有区别。随着发球技术的不断提高，他们也许会在发球时加入一些旋转，从而给接发球员施加压力。对于那些尚未完全掌握旋转技术但希望提高发球稳定性和自信心的运动员而言，需要掌握的重要技术要点是(　　)。

A. 通过提高"鞭打"速度增加一发球的速度

B. 降低整个发球动作的节奏

C. 确保触球时拍面指向目标区域

D. 不要急于发力，进攻前应仔细考虑击球的准确性与落点

38. 当你在发球中有效使用上旋技术时，球在空中的飞行轨迹，以及球落地弹跳后的旋转将扰乱对手的击球时机、站位和节奏。下列说法正确的是(　　)。

A. 球在空中旋转并快速下落

B. 球的弹跳高度比正常状况低

C. 运用上旋技术能更大力地击球，球的弹跳更高，而且不容易出界

39. 等待击球时，你必须做好准备以便迅速朝来球方向移动。下列有助于快速启动的姿势是（　　）。

A. 身体重心前移至前脚脚掌

B. 双脚分开大约与肩同宽

C. 双脚并拢

D. 一脚在前一脚在后站立

40. 通常认为向后引拍是一个连续且有节奏的动作，采用下列哪种引拍方式最有利于形成合理的击球动作？若从准备动作开始，应如何向后引拍？（　　）

A. 低—高—低

B. 低—水平—水平

C. 高—低—高

习题 1 答案

1. BC　2. ACD　3. AB　4. AD　5. BCD　6. AC　7. B　8. ABC　9. B
10. A　11. B　12. A　13. C　14. B　15. C　16. A　17. B　18. C　19. C
20. A　21. B　22. C　23. A　24. A　25. B　26. D　27. B　28. B　29. C
30. B　31. AB　32. D　33. A　34. ABCD　35. B　36. AB　37. CD　38. AC
39. AB　40. C

第二章　网球的战术

第一节　单打战术篇

一、单打底线策略及回位位置

在网球单打比赛中，底线策略是一种常见的战术。它侧重于击球的稳定性，防止出现无谓的失误。由于运动员在底线上或底线后的站位是防守性的，一般情况下要识别对手的弱点，然后有针对性地击球，从而逼迫对手回击出浅球。切记，在底线相持过程中不一定要打出角度很刁钻的球，可以将球打向对手球场中路深区的位置，这样对手打出大角度回球的概率也不高，再耐心地等待机会准备进攻。

单打的底线回位位置

由于球网中间的高度（0.914 米）要低于球网两边的高度（1.07 米），且场地对角之间的距离要比场地长度长 1.38 米，因此斜线球较直线球更不易出界。运动员在底线移动过程中，必须学会平均切分可能回球的角度，也就是说，每次回位运动员并不是都回到场地中心，而是要回到可能回球线路两边的最大角度的中间（图 2-1、图 2-2、图 2-3）。

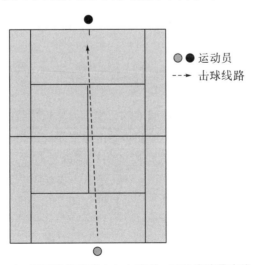

●● 运动员
- - → 击球线路

图 2-1　当运动员将球击向中路时，回位应该是底线中间

网球 技战术与训练

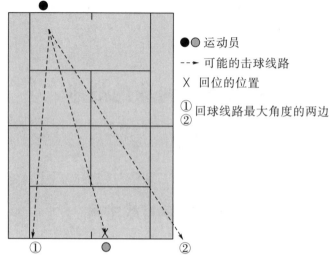

图2—2　当运动员将球击向左路时，回位应该是底线中间偏右的位置

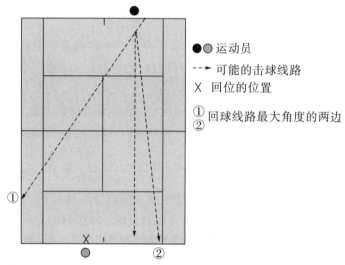

图2—3　当运动员将球击向右路时，回位应该是底线中间偏左的位置

二、单打的四分之三场地策略

当网球运动员移动到3/4场地，即场地的后半部分靠近边线的位置时，表明运动员已占据了一定的场上优势。此时的目标是迫使对手击球失误，因为运动员在3/4场地区域时可以攻击的角度更大，更有可能击出大角度的斜线球调动对手。当然，运动员也可以在3/4场地处运用正手侧身技术进行攻击。这个位置不一定要用全力打出漂亮的制胜球，而是通过扩大自己场上的优势，达到最终得分的目的（图2—4、图2—5）。

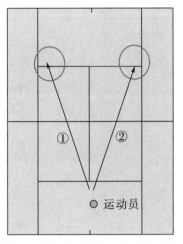

图 2-4 当运动员移动到 3/4 场地处时，可选择向球场两边击球

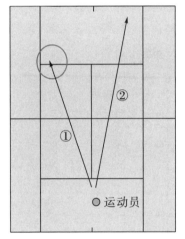 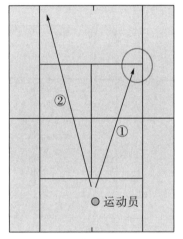

图 2-5 向球场一侧击球后，再向另一侧击球

三、单打的中场策略

在网球比赛中，控制中场非常重要，因为运动员在此处有进行强力攻击或随球上网的机会。一般情况下，如果运动员击出直线球后随球上网，那么应向直线方向跟进，这样可以更快地到达网前，准备进行截击（图 2-6）；如果击出的是斜线球，就应该更多地向斜线方向跟进（图 2-7）。

单打中场随球
上网位置

根据对手的来球运动员可采取不同的击球策略：一是当来球在己方半场高于球网时，运动员应利用这个机会打出干净利落的制胜球，应以平击球为主。二是当来球在己方半场低于球网或与球网同高时，应更多地采用切削直线球的方式随球上网。当然，为了迷惑对手，还可以采取斜线深击球的方式。

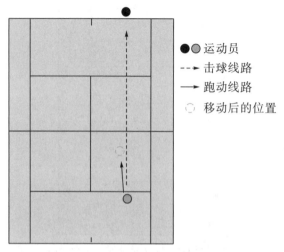

图2-6　击直线球向直线方向跟进

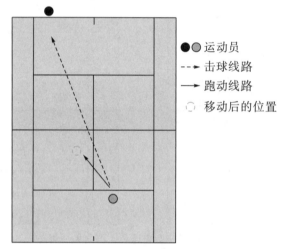

图2-7　击斜线球向斜线方向跟进

四、单打的网前策略

根据对手来球的高低，运动员在网前可以采取以下策略：当对手来球在己方半场高于球网时，运动员应该利用角度打出制胜球直接得分（图2-8）；当对手来球在己方半场低于球网时，运动员的拦截非常重要，如果拦截球的质量不佳会导致无法得分甚至失分，运动员应把球沿直线推深或在网前放小球，以便等待更好的得分机会（图2-9），因为直线推深可以将球击在对手难以到达的位置，网前放小球可以让对手进行大幅度的跑动，从而为下一次击球创造出拦截或高压球的机会。

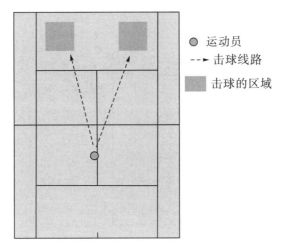

图 2-8　对手来球在己方半场高于球网时，利用角度打出制胜球直接得分

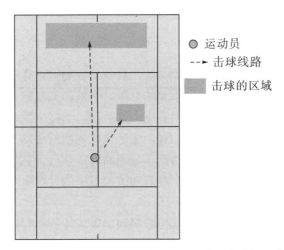

图 2-9　对手来球在己方半场低于球网时，将球沿直线推深或放小球

五、单打的发球战术

在单打比赛中，运动员应将发球作为给对手施加压力的重要手段，而且不仅仅是比赛的开始要做到这一点，运动员还需要将发球与其他技战术结合起来。例如，一发时将球击向对手弱侧，如果情况允许，在下一次击球时，应采用具有攻击性的正手击球，还可以在发球后上网创造得分机会。如果发球具有足够的穿透力，发球运动员可以用击斜线球、击身后球和打直线空当打第二拍。一般来说，发球有三种方式：一是发外角球，即将球发在单打边线附近，可将对手拉出场外，从而在第二次击球时占得场上优势。二是发中路近身球，即向对手身体中间的位置发球，这种发球方式对后摆动作较大的选手非常奏效。三是发内角球，即将球发到靠近中线的区域，能迫使对手来不及回球或回出浅球，从而给发球运动员创造进攻的机会。但在二发时，运动员应更多地采用上旋发球，以保证二发的稳定性，并将球更多地发到对方接发球的弱侧。

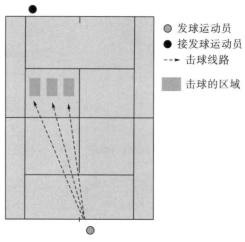

图 2-10　发球的三种方式

六、单打的接发球战术

在职业网球单打比赛中，发球运动员往往具有明显的进攻优势，这就可以理解为什么在技术分析中常常强调接发球技术重要的原因，有效的接发球，能够很好化解对手的发球优势。接一发球和接二发球的战术有很大的区别，当接一发球时，尤其是对手的发球速度较快时，此时目标应该定位为防守，先尽量确保回球成功，而不是冒险地进攻或干脆放弃。在比赛初始阶段，尤其是遇到不熟悉的对手，最常见的战术目标就是把球回到对方场地中央。随着比赛的深入，在观察和试探对手的发球水平和技术特点后，再把重点放在保持回球的深度上。

当已经了解和适应对手后，要尝试把球回到靠近场地的单打边线和底线附近。接发球运动员在接一发球时，除靠近身体内侧的发球，对所有的一发球应尽量避免回变线球，这样可以减少失误。当接发球运动员在右区且对手发内角球时，来球是对着身体的内侧，此时最好打变线球（图 2-11）。

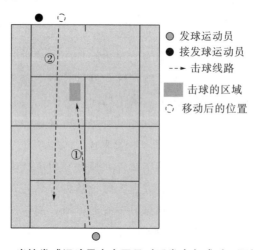

图 2-11　当接发球运动员在右区且对手发内角球时，可打变线球

当接发球运动员在左区且对手发内角球时，来球对着身体的内侧，此时对于右手持拍的运动员正好是正手击球，此时既可以打变线球，也可以打正手外角斜线球（图 2—12）。

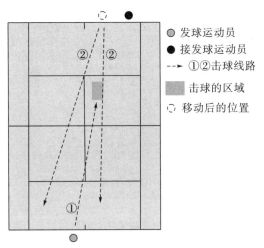

　　○　发球运动员
　　●　接发球运动员
　　--→　①②击球线路
　　■　击球的区域
　　○　移动后的位置

图 2—12　当接发球运动员在左区且对手发内角球时，可打变线球或正手外角斜线球

接一发时首要的战术目的是稳定地回球，而接二发时则可以考虑进攻，以便在后续的攻防中占据优势。如果发球运动员的二发既没有速度又没有深度、角度，那就是进攻的好机会。接发球运动员应利用场上位置的变化、击球的节奏向发球运动员施加压力。接发球运动员在右区接二发球时的站位应靠近底线的中央；在左区接发球时，左脚应几乎踩在单打边线上。采用侧身正手接二发球最具威胁，抓住发球运动员的二发是接发球运动员施加压力并创造直接得分的一个好机会。

针对二发的有效进攻方式通常有两种：一种是接外角球时，向对手中路切削直线球，使发球运动员的下一拍被动采用内侧底线击球动作，同时上网向对手的边线击斜线球（图 2—13）。另一种是接内角球时，可采用切削直线球并上网封住对手的直线穿越球（图 2—14）。

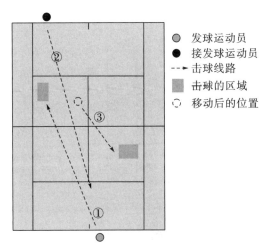

　　○　发球运动员
　　●　接发球运动员
　　--→　击球线路
　　■　击球的区域
　　○　移动后的位置

图 2—13　接外角球时，向对手中路切削直线球，同时上网向对手的边线击斜线球

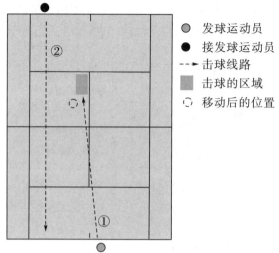

图 2—14　接内角球时，切削直线球并上网封住对手的直线穿越球

七、网球场战术区域的划分

网球场可以分为三个战术区域，即建立优势区、施加压力区和得分区，如图 2—15 所示。在不同的区域可以选择不同的战术，运用不同的技术动作。建立优势区位于底线前，在此区域，运动员的主要目的是迫使对手出现回球质量下降的情况，即击出较弱的回球。运动员在此区域应始终保持在高成功率的基础上采取积极的进攻，只有做到这一点，才能把握住该区域战术的重点。施加压力区是位于底线前和发球线之间的区域，运动员在该区域的主要目的是向对手施加压力，而不是直接得分，在这个区域主要采用有攻击性的中场球、随上球和截击球，一般是在第一拍施加压力，随后的一拍直接得分。得分区一般是在网前，即向对手施加压力后获得进攻的机会，运动员可能会打出制胜球直接得分，常采用的技术是截击球、高压球或二者的结合。

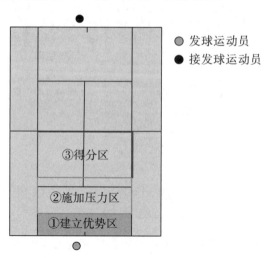

图 2—15　网球战术的三个战术区域（建立优势区、施加压力区、得分区）

在网球比赛中，控制场上的主动权和选择最佳站位是取得胜利的关键因素。出于战术的考虑，运动员不仅要清楚自己在场上的位置，也要随时注意对手的站位。了解对手的站位和习惯动作对预测对手的下一步动作至关重要，运动员应加强位置感的训练，特别是当对手的位置发生变化时，运动员需要快速调整自己的站位。

八、网球比赛中改变击球线路的时机

在底线相持阶段，运动员面对的球路的相对位置可分为两种情况：一种是球从身体的斜前方来，即球从斜前方向运动员身体的外侧移动，此时一般采用外侧底线击球动作并配合开放式的站位步伐；另一种是球向运动员身体的内侧移动，此时一般采用内侧底线击球动作并配合关闭式的站位步伐。在底线击球过程中，不改变回球线路是成功率最高的击球方式。采用外侧底线击球动作时一般选择不改变回球线路，而且回斜线球还能确保有较大的击球角度，能最大限度地减少失误，同时对手也没有机会直接发起进攻。当采用内侧底线击球动作时，既可以选择变线击球也可以选择不变线击球。运动员应尽早判断来球的落点并主动在球的上升阶段击球，以获得更好的击球时机和力量。

当对手击出斜线浅球时，运动员应采取变线回击的方式争取得分，即将球回向垂直于对手的底线处（图2-16）。通常，运动员在外侧底线变线击球时，总是倾向于将球打在边线上，这可能会导致一些无谓的失误。

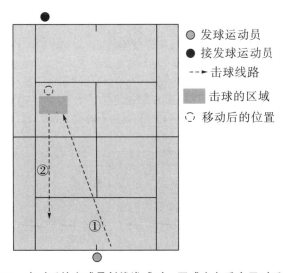

○ 发球运动员
● 接发球运动员
--▶ 击球线路
■ 击球的区域
○ 移动后的位置

图2-16 当对手的击球是斜线浅球时，回球击向垂直于对手的底线

九、单打的随球上网战术

随球上网是一种网球战术，它结合了截击球或高压球技术，旨在为运动员创造得分机会。当对手的回球较浅时，是采取随球上网战术的最佳时机。对于不同的浅球，运动员应采用不同的回球路线。例如，当回击斜线浅球时，一般要采用变线击球；当回击向身体内侧方向的来球，若在正手位时可以选择变线或不变线回击，若在反手位时则应采用变线回击。在回球时，首要目标就是要把球打到对手底线深区，回球越深则对手的反应时间就越短，这样可以减少对手打出穿越球的可能。当然，如果把球回到对手半场中部的底线深区，那么对手可选择的穿越角度就比较小，更容易创造截击得分的机会。

随球上网的击球方式可以分为三种：第一种是切削球上网（图 2-17），如果对手来球的高度较低（如位于腰部以下），切削球就是一个比较好的选择。此时要尽量把球切到对方底线深区，以便给自己赢得更多的反应时间。击出一记高质量的回球之后，可以顺势向网前移动，为接下来的截击做好准备。第二种是打凌空球上网，如果对手来球的高度位于运动员的肩部附近，那么打凌空球就是一个较好的选择。第三种是放小球配合上网（图 2-18），放小球并不是上网前最常用的击球选择，其首要目的并不是直接得分，而是调动并打乱对手的节奏，从而利用对手留下的空当寻求得分机会。即便对手将你放的小球回击过来，你也能轻松地将球回到对方的空场内。

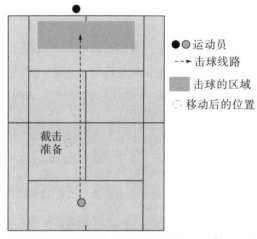

图 2-17　切削球上网

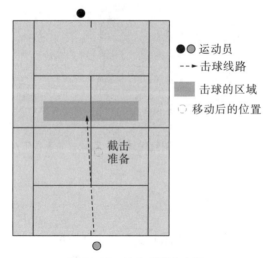

图 2-18　放小球配合上网

十、单打的穿越球战术

在网球单打比赛中，对手上网通常是为了应对你的浅球或内角球。当对手上网时，他的位置更加靠前。在这种情况下，运动员可以尝试穿越球战术，即将球击过对手，让他难以及时回击（图2-19、图2-20）。最常见的穿越球是不变线回击。在对手上网时，改变击球的线路可以增加对手的移动距离，从而提高穿越球的成功率。当然，有时对手也会看穿你的穿越球战术，而提前移动封网，这时改变击球线路能够使对手的判断失误。还有一种情况是对着对手的身体正前方回球，迫使对手不能做出正常的截击姿势，降低对手的回球质量。

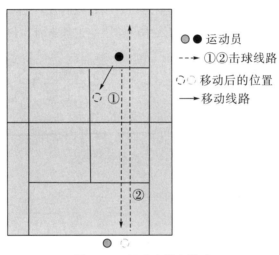

图2-19　回击直线穿越球

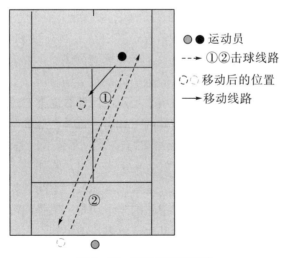

图2-20　回击斜线穿越球

第二节　双打战术训练

一、高水平双打选手应具备的技术

无论是单打比赛还是双打比赛，发球和接发球技术都是非常重要的，发球是控制整场比赛的重要环节，是得分必须使用的手段。尤其是在男子比赛中，强力的发球可以直接得分或为接下来的回合创造优势。运动员在接发球时，要想获得比赛的胜利，需要把对手发球局破掉，而第一步就是要把接发球做好。在双打比赛中，高水平的接发球能穿越对方球网前的选手，并落在发球上网选手的脚下，迫使发球上网选手从低于球网的地方拦截。

双打选手应具有稳定的底线抽球能力，使击出的球弧度低、速度快，以避免对手从近网高处向下击出攻击性很强的球。同时还应该具有较强的防守能力，尤其当对方选手占据网前的优势时，须具备采取挑高球进行防守的能力。随着现代网球选手技术能力的提升，他们在比赛中更多采用发球—截击和接发球—截击的模式，这就要求双打选手必须具备全面的技战术意识，以适应快速变化的比赛节奏。

二、双打中的站位分配

在双打比赛中，一般右半场称为正手侧，左半场称为反手侧，因此可以考虑让正手技术较好的运动员站在右半场，反手技术较好的运动员站在左半场。从计分规则来看，在接发球局中可能会出现的关键比分分别是 40−0、0−40、40−15、15−40、40−30、30−40 以及本方占先和对方占先这 8 种情况，其中除了 40−15 和 15−40 这两种情况为右半场运动员接发，其余 6 种情况都是由左半场运动员接发，如果从这个角度考虑，那么应该选择技术能力较强、心理素质好的运动员在左半场站位。

如果双打比赛中有一位运动员的惯用手是左手，那么通常考虑让他站在左半场，因为与反手击球相比，不论是底线抽球还是网前截击，正手击球的范围都比反手击球要大一些。但是，也可以考虑让左手运动员站在右半场，因为不论是职业选手还是业余选手，通常情况下反手技术不如正手技术好，反手击球力量不如正手击球力量大。在双人上网的情况下，对手攻击的主要路线之一是两位运动员的中间，如果左手运动员在左半场，势必会拉大中路的空当，即此时对中路的来球均是用反手回击。如果左手选手在右半场，对中路的来球均是用正手回击，其攻击效果自然更佳。

三、双打阵型——双底线站位

双底线站位（图 2-21）是指在比赛中两位运动员均选择站在底线的一种阵型，双底线站位在网球初学者和老年爱好者中比较普遍，但在高水平比赛中运动员也会因为不同的情况采用双底线站位。一种情况是运动员发球较弱时会采用这种站位，因为较弱的发球会暴露网前的同伴，使他无法有效应对对方的攻击。若运动员一发球较强、二发球较弱，则可以在二发球时采用双底线站位。另一种情况则是运动员的接发球较弱时，也会采用双底线站位。当两位运动员在接发球时都留在底线，会降低接发球运动员的压力，因为同伴不会在网前成为对手攻击的对象。需要注意的是，采用双底线站位在处理两人中间位置的回球时，一般让正手位置的运动员去击球，或者是两人中水平更高的运动员去击球，这就要考验搭档之间的配合是否默契。

双打阵型
——双底线
站位

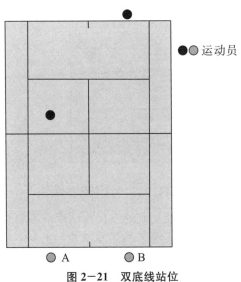

图 2-21　双底线站位

在采用双底线站位时，两位运动员需要有耐心，由于双底线站位是防守型的战术，而防守型的战术有一个重要的特点就是等待对手犯下非受迫性失误。而对付双底线站位最好的办法就是降低回球的高度，最好用切削的方式回球，以迫使对手把球打高，给同伴创造高压球得分的机会；若对手经常采用挑高球的战术，则需要同伴向前移动至发球线附近；若对手击出的底线落地球强劲有力，则应采用近网站位以便截击中路或拦出大角度回球。当然，还可以偶尔突放小球，这样底线上的对手就会被迫上网，迫使对手出现失误。

四、双打阵型——一上一下站位

一上一下站位（图 2-22）是指在比赛中两位运动员中的一位站在底线，另一位运动员站在网前的阵型。一般情况下，技术水平尚处于初级水平的运动员多采用此阵型。在比赛中，如果强行上网丢掉的分数多于得分的话，那么运动员也应该采用一上一下站位。一上一下站位的弱点比较明显，即网前运动员的后场和另一半场的前场是对手攻击的重点区域。底线运动员要时刻配合网前运动员的移动，以便补防网前运动员因移动抢网而出现的空当。

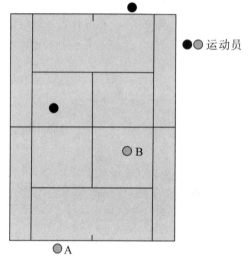

●○ 运动员

图 2-22 一上一下站位示意图

在发球局中，若发球运动员不能稳定地发出深落点的旋转球，或者一发球尚处于成形阶段，那么运动员发球后应留在底线，与队友形成一上一下的站位。即便发球运动员无意立即上网，仍应在发球之后跨入底线，因为跨入底线是为了给自己创造向前移动的机会。在之后的回球中，发球运动员需要击出斜线深球，如果对手频繁抢网，发球运动员则需要尝试挑高球。在接发球局中，如果接发球运动员的底线抽球较轻且截击技术稍差，那么采用接发球后留在底线的战术会有较好的效果。当接发球一方留在底线时，他们可能会受制于近网的刁钻截击，而此时首要的任务是尽可能让对手远离球网，这样才能抓住得分机会。挑高球、大角度的小球以及强有力的落地球是底线型双打组合必须掌握的技术。

当对手采用一上一下站位时，我方最理想的战术就是用截击球打向对方两位运动员之间。要做到这一点，我方队友应尽快上网，以便在对手回球时能及时截击。精准的截击能迫使对手尝试高风险的直线球或大角度的斜线球，从而创造得分机会。

五、双打阵型——平行站位

双打阵型
——平行站位

平行站位（图2-23）是指两名运动员的位置都位于网前，采用截击球和高压球为主的战术打法。平行站位避免了一上一下站位时暴露出来的空当，可有效覆盖网前区域，降低对手的截击机会。采用平行站位时，运动员应根据球在对方场地上的移动进行相应的横向移动。若球打向对方场地的左侧角落，那么站在左侧的球员就应该向左侧移动，以防守单、双打边线间的区域；而他的同伴则应移向场地中央，以切分可能的回球角度。若对手打出防守性的挑高球时，两位运动员均应后退，而准备接高球的运动员要后退得多一些，这样就不会给对手留下空当。在网前形成平行站位时，两位运动员可以形成二对一的三角形，即两位网前运动员把所有的截击球都打向底线的同一位对手，迫使对手出现失误直至得分。

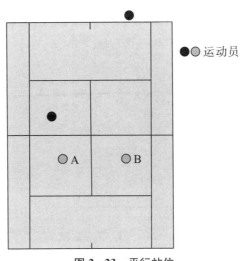

图2-23 平行站位

在发球局中，发球运动员应尽可能地将球发向内角以缩小回球角度，当然也可以发向对手较弱的一侧以创造上网的机会。发球后，发球运动员应立即向前移动，当接发球运动员准备击球时，发球运动员应作分腿垫步以增加侧向移动的能力。发球运动员的第一次截击非常重要，这是其能否到达网前形成平行站位的关键。第　次截击应扎实有力且具有一定的深度，可防止对方网前运动员抢网，迫使对手留在底线。在接发球局中，对手落点浅、速度慢的二发球是接发球运动员接发上网与队友形成平行站位的好机会。如果运动员预判到对手的二发球较弱，就应站在底线内，接发球时利用抽球或切削把球回深并随球上网，进而创造得分机会。

应对平行站位的双上网运动员最基本的策略就是采用防守型挑高球，但需要注意的是不能仅仅把球挑过对方的头顶，而是要打出能使对手从网前退后的具有高度和深度的挑高球，以便我方上网占据有利的位置。

六、双打阵型——"I"字形站位

"I"字形站位（图 2-24）是指发球运动员的队友蹲在中心线附近准备，发球运动员直接在队友身后发球，发球后队友向约定的方向移动准备回球。"I"字形站位一般在对手接发球且对手的斜线回球极具威胁时采用，可以给对手施加一定的压力。在采用"I"字形站位时，队友间的沟通尤为重要，网前运动员需要向发球运动员暗示他将向哪一侧移动，以及希望的发球落点。在发球之后，发球运动员必须对网前运动员留下的空当进行补防。"I"字形站位的优点是对方难以预测网前运动员的移动方向，导致回球困难。

双打阵型——
"I"字形站位

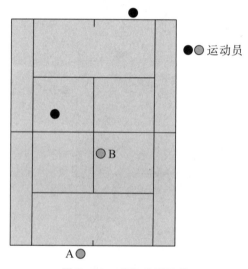

图 2-24 "I"字形站位

在应对"I"字形站位时，我方接发球运动员应更多将球打向中路，对方网前运动员在球发出后总会向一侧移动，这就留出了中路的空当。当然，也可以使用挑高球把球回给对方发球的运动员，以抵消网前对方运动员的优势。

七、双打——接发球战术

双打比赛与单打比赛一样，比赛中第一个回合的竞争是发球运动员与接发球运动员的竞争。一个优秀的接发球运动员，应具有灵活的站位和多变的接发球战术，能将被动防守转变为进攻，能给网前的队友创造进攻机会。由于在双打比赛中，发球运动员的队友站在网前，所以接发球的有效落点区域很小；同时，接发球运动员在接完球后还要快速跑到网前参加拦截，所以接发球运动员仅仅做到接发球不失误是远远不够的。接发球运动员在保证不失误的前提下，还应有较高的回球质量，以破坏对方的发球战术。

运动员在接发球时应注意队友的站位，接发球运动员的基本站位是站在发球运动员与本方发球线中点连线的延长线上（图 2-25）。当然，接发球运动员的站位也可以根据接发球技术而定。例如，正手抽球技术好的运动员，可适当偏左站位；反手技术强的运动员，则可以选择偏右站位。接发球运动员的队友在大多数情况下应该站在发球线附近，面对对方网前运动员，注意观察他的动向。队友应根据接发球情况及时进行站位调整。如果接发球没有被对方网前运动员拦截，则应迅速上前准备拦截对方的回球。如果接发球运动员的接发球技术很好，则其队友应尽可能靠近网前，给发球运动员造成较大的心理压力，迫使其发球出现失误。而当发球运动员的发球技术及其队友的拦截能力较强时，此时接发球方的运动员最好选择都退至底线，即采用双底线站位。

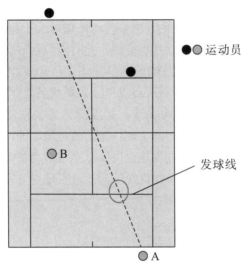

图 2－25　双打的接发球站位

接发球运动员的队友要注意观察对方网前运动员的动作及移动方向，及时调整自己的站位。如果看到发球方网前运动员举起球拍，那就应把身体重心放低，将球拍置于身体前面，做好对方拦截的球飞向自己的准备。如果看到发球方网前运动员高举球拍准备扣杀高压球时，应迅速后退与接发球运动员共同组成双底线，以防守高压球。如果球是斜线过网且发球方网前运动员没有做拦截的动作，那么这一球肯定是由对方发球运动员处理，己方运动员应该向前移动并观察发球运动员的动作。如果我方接发球质量高，落在对方发球运动员的脚下，那么对方的回球质量可能不高，我方应该抓住得分机会抢网，给发球方致命一击。

教练提示：①将球击到对方发球运动员的脚下；②迫使对方运动员后退击球；③对于线路多变的发球，应该抢前接球；④准备姿势时身体要充分放松。

八、双打——网前拦截战术

在高水平的双打比赛中，网前区域是双方的必争之地，优秀的网球双打选手都具有强烈的上网拦截意识（会抓住一切机会频频上网拦截），比赛时经常会出现双方以快速的截击球进行互相对攻的精彩场面。因此，上网拦截是网球双打中最常用的战术，也是获取比赛胜利的基础和关键。

1. 发球运动员上网拦截战术

第一次拦截的位置应从两方面考虑：一是发球运动员的发球深度与发球速度，二是发球运动员的移动速度。需要注意的是，在接发球运动员挥拍击球的瞬间，发球运动员必须降低移动速度，采用分腿垫步落地，脚后跟提起，降低身体重心，判断来球方向、速度、弧度，随之调整步法与来球相适应并做出第一次拦截动作。当发球运动员到达第一次拦截位置时，要判断接发球运动员的移动路线来确定击球的线路。如果接发球运动员接球后没有上网拦截，第一次拦截应将球截击至球场深处接发球运动员所在位置，截击的回球应平而深（图2-26）。如果接发球运动员接球后上网拦截，第一次拦截应将球截击至接发球运动员的脚下或单双打边线处，此时应控制好击球的力量，以便将球击向理想的落点（图2-27）。如果接发球运动员回击了一个又慢又高的球，第一次拦截便可直接将球打向对方网前运动员（图2-28）。如果接发球运动员挑高球，第一次拦截时身体应尽快侧转，非持拍手指向来球，并以前交叉步移动准备扣杀（图2-29）。大多数情况下，发球运动员第一次拦截应该将球击向对角，即回击给接发球运动员，而不要一味追求直接得分，避免急于进攻导致失误。发球运动员需要为自己和网前的队友做球，争取下一回合出现得分机会。如果发球运动员发现对方网前运动员提前移动，则可以直接攻向他的空当，以造成杀伤。

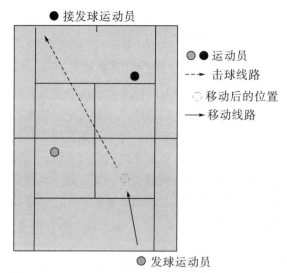

图2-26　接发球运动员没有上网拦截

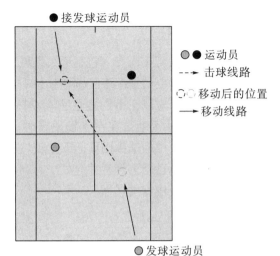

图 2－27　接发球运动员上网拦截

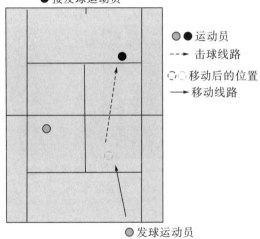

图 2－28　接发球运动员回高慢球

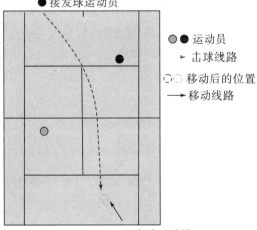

图 2－29　接发球运动员挑高球

2. 发球运动员队友的拦截战术

发球运动员队友的主要任务是拦截所在半场（包括中央区域）的来球，应站在自己的基本位置上，并根据比赛的进程和场上的情况不断调整站位。当发球运动员在右半场发球时，若网前队友是右手持拍，那他应以正手拦截通过球场中央的球，以减小发球运动员上网的拦截面（图2—30）。当发球运动员在左半场发球时，对于飞向网前队友反手位置的球，两人应当事先协商，什么样的球由网前队友拦截，什么样的球由发球运动员拦截。一般情况下，如果发球运动员已经上网拦截且处于有利的正手截击位置，那么将球让给上网拦截的发球运动员处理是较好的选择。

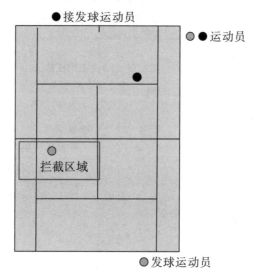

图 2—30　拦截区域

3. 相持阶段不同高度来球的拦截战术

接发球运动员拦截战术：接发球运动员应根据对手的发球质量确定是否上网拦截，如果对手的发球质量不高，可以直接选择上网截击。接发球运动员上网拦截后，应根据对方发球运动员的拦截球质量，采用迎上或控制球拦截的方法，将球击至对方脚下、对方运动员之间的空当或单双打边线之间（图2—31）。

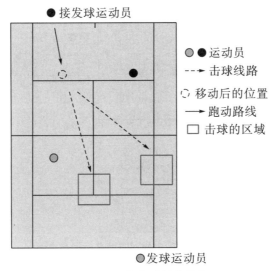

● 接发球运动员

○ ● 运动员

- - → 击球线路

○ 移动后的位置

→ 跑动路线

□ 击球的区域

● 发球运动员

图 2-31 接发球拦截战术

4. 接发球运动员的队友的拦截战术

接发球运动员的队友与发球运动员的队友有着同样的任务，若接发球运动员的接球质量较高，那么发球方击出的球质量必然不高，此时接发球一方取得了进攻的主动权，发球方运动员必须快速上网拦截接发球运动员方回击过来的任何球，其防守面积应该尽可能扩大。同样地，接发球运动员应立即与队友上网拦截发球方的回球。

5. 双方网前对抗拦截战术

在高水平的网球双打比赛中，双方运动员为争夺主动权，常见四名运动员集中于网前区域。由于双方距离近、球速快，网前对抗几乎是在几秒钟内结束。因此，双打运动员在具有良好的判断、快速的反应、敏捷的移动步法和娴熟的拦截技术的前提下，寻找对方的空当或迫使对方出现一次错误是双方运动员努力追求的战术目标。双方采用较多的策略有：一是把球击向对方两名运动员之间（图 2-32）。因为抢占了网前位置并不意味着每一次击球都可以得分，只有面对稍高于球网高度的球才有可能打出制胜球。如果来球已低于球网，不要勉强发力，应使球从球网的中央最低部分通过，击向对方运动员脚下，然后等待对方击出高于球网的球。二是把球击向两侧边线区域（图 2-33）。在网前激烈对抗的过程中，若对方的两名运动员保护中间区域，这是向两侧边线区域攻击的一个好时机。攻击对方边线区域，特别是向对方左区外侧边线区域击球，网前运动员必须用反手低位拦截，这很可能会迫使对方击出较高的斜线球，从而创造出进攻得分机会。三是把球击向对方后场（图 2-34）。当双方运动员在网前快速对攻中，把拦截的向前推击动作突然改为向上推送，使球越过对方运动员的头顶落在后场，也会迫使对方出现失误。四是把球击向对方脚下（图 2-35）。攻击对方的空当是网前拦截的基本原则，直接对准对方脚下攻击，亦是网前拦截的重要攻击手段。

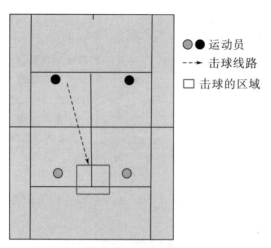

○● 运动员
- - → 击球线路
□ 击球的区域

图 2-32 把球击向对方两名运动员之间

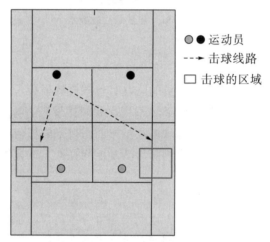

○● 运动员
- - → 击球线路
□ 击球的区域

图 2-33 把球击向两侧边线

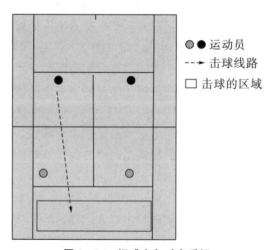

○● 运动员
- - → 击球线路
□ 击球的区域

图 2-34 把球击向对方后场

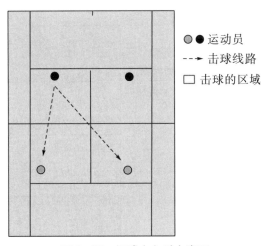

●● 运动员
--→ 击球线路
□ 击球的区域

图 2-35　把球击向对方脚下

教练提示：①将球击向对方需要伸手"够"球的区域；②将球击向对方实力相对较弱的运动员；③要在合适的时机挑高球；④抢打截击球时一定要果断；⑤要瞄准对方网前运动员的脚下打。

九、双打——挑高球战术

挑高球可分为进攻性挑高球和防守性挑高球，它可以破坏对方的进攻节奏，减慢对方回击球的速度，削弱对方在网前的优势，使自己从被动转为主动。

1. 接发球挑高球战术

在双打比赛中，接发球运动员通常击出弧度低、落点浅的球，使发球运动员上网困难，从而让自己获得上网进攻的机会。但当对手发球速度很快且力量较大时，挑高球是接发球运动员一种有效的防守手段，能为自己接发球后跑至前场进入拦截位置争取足够的时间，利于由防守转为进攻。接发球运动员可沿着边线挑高球，接发球运动员在右半场应瞄准对方网前运动员的左肩上方挑高球，使球越过对方网前运动员落在左半场深处，即使对方网前运动员后退打高压球，处理这样的挑高球也是十分困难的（图 2-36）。切记不可对发球上网的运动员挑高球，否则容易被大力扣杀。

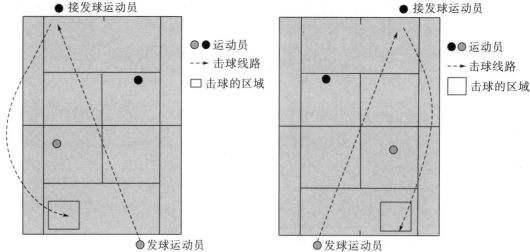

图 2-36 挑高球战术

2. 对抗中的挑高球

在双打比赛中，应对速度不快、力量不大的来球，可采用向上拉上旋球的技术挑进攻性高球。由于对方注意力集中于网前的对抗中，此时挑高球容易越过对方头顶，上旋球落地后又疾速向后反弹，可以破坏对手的进攻节奏。挑高球时动作要隐蔽、出手要快，尽量朝对方距球网最近的运动员后面挑高球，以确保挑高球的成功率。

教练提示：①直线挑高球的速度慢，要争取击出深落点；②直线挑完高球后，应快速上网；③队友要注意对方的斜线挑高球。

十、双打——高压球战术

高压球是应对对手挑高球的有效手段。在双打比赛中，当进攻方的两名运动员占据了网前位置，封锁住整个球网时，防守方会面临较大的压力。在这种情况下，防守方的反击选择相对有限，防守方要想改变这一被动局面，通常只能采用挑高球战术。当运动员采用双上网前站位时，两名运动员的站位不能完全平行，最好是一名运动员适当靠近球网，另一名运动员后撤一两步距离，其目的是防备对方挑高球。在双打比赛中，高压球扣杀的基本原则是球落在谁控制的范围就由谁进行扣杀。如果球落在两名运动员中间，一般情况下由左半场的运动员进行扣杀，主要因为左半场的运动员处于正手击球位置，便于扣杀。若一名运动员不得不在另一名运动员的半场内进行高压球扣杀，这时另一名运动员必须迅速向侧后方移动，以填补队友移动后留下来的空当。在双打比赛中，对于那些靠近底线且直上直下的高球，直接扣杀难度较大，如果高压球技术不好，很容易造成失误。对于这样的高球，运动员可以等球落地反弹后再扣杀。由于球从地上反弹后球速较慢，运动员有更多的时间移动和做准备，扣杀的成功率也会提高。而高弧度的球落地后向上反弹很高，运动员在击球前应调整位置，以确保自己站在一个最佳的击球位置上。

教练提示：①打高压球时要随时注意脚步的移动；②球落在谁控制的范围就由谁进行扣杀；③扣杀力量不是最重要的，重要的是击球的深度、落点与角度。

习题 2

在线练习2

1. 对于喜欢击打上旋球的对手，我们可采取的处理方法是(　　　)。

A. 以旋转对旋转，迫使对方球拍框触球，从而失去攻击能力

B. 可以采用削下旋球的方式向对手的反手回击

C. 调动对手向前移动

2. 双打比赛中，截击球的策略有(　　　)。

A. 打向对方两名运动员中间位置　　　　B. 球的落点要深

C. 打向对方较弱的运动员　　　　　　　D. 抢打截击球时要果断

3. 双打比赛时的进攻方法，下列叙述正确的是(　　　)。

A. 女子双打比赛进攻要点：集中向一个人进攻

B. 男子双打比赛进攻要点：快速上网

C. 混合双打比赛进攻要点：混合双打比赛时要以对方女运动员为进攻目标

4. 当决定采用正手 INSIDE-OUT 技术，移动到反手位攻击对手时，这时正确的移动步法是(　　　)。

A. 先交叉步，再侧滑步

B. 先侧滑步，再交叉步

C. 侧身后，平行底线的后退步

5. 当打完一次 INSIDE-OUT 正手后，应该迅速回位到(　　　)。

A. 中线偏左的位置

B. 中线偏右的位置

C. 正中线的位置

6. 当对手在底线准备挥拍试图击出穿越球时，我方离网最合适的位置是(　　　)。

A. 发球线到球网的中间位置

B. 发球线上

C. 离发球线大约一球拍的位置

7. 在左半场用反拍（以右手持拍为例）切削斜线后上网，上网的位置应该选择(　　　)。

A. 中线靠左一点　　B. 正中线上　　　C. 中线靠右一点

8. 当你陷入被动时，对手选择进攻你的正手位空当，这时你最恰当的正手还击方式是(　　　)。

A. 直线深球　　　　B. 直线浅球　　　　C. 斜线深球　　　　D. 斜线浅球

9. 在双打比赛中，如果你获得了一个可以进攻的截击机会，你应该击向(　　　)。

A. 对手两人中间位置

B. 离网更近的运动员

C. 离网更远的运动员

10. 许多球员在面对防守型的对手时往往会遇到麻烦，因为每个球都能被对手击回，最后以自己的主动失误来结束这一回合，能够解决这个问题的方法是（　　）。

A. 试着快速得分 　　　　　　　B. 用自己的方式摆脱困境

C. 直到对手回球出浅才进攻 　　D. 多采用上旋球

11. 面对力量型对手时，技术水平不高的运动员会发现很难保证自己的回球质量，进而导致失误甚至丧失自信心。在这种情况下，他们应该（　　）。

A. 更加仔细地观察球的飞行轨迹和弹跳高度

B. 站位更加靠后，远离底线

C. 比平时更早引拍

D. 除非达到相同水平，否则不与更强的对手对抗

12. 在双打比赛中，许多初级水平的运动员（网前球员）在队友发球时往往感到很不舒服，因为他们不知道何时应该由自己击球，网前球员常常"隐蔽"在边线附近，几乎发挥不出任何作用。面对这种情况，网前球员应该（　　）。

A. 回到底线 　　　　　　　　　B. 更加靠近边线

C. 积极地回击任何接近你的来球 　D. 试着控制你的半场

13. 假设你和搭档在决定由谁打中路球时出现分歧，你们已经撞拍三次了，而现在你们又互相把中路球让给对方，结果十分糟糕！那么，当对手将球击向中路时，应该打这一球的是（　　）。

A. 反手位场地的运动员 　　　　B. 正手位场地的运动员

C. 比较年轻的运动员 　　　　　D. 运动员在比赛前达成一致意见

E. 更接近来球的运动员

14. 在一发和二发中加入侧旋是一项有效的战术策略，我们应该注意的是（　　）。

A. 一发：稍微减慢击球速度以扰乱对手的击球时机

B. 在正手位一发：发外角球将对手调离场地

C. 二发：发追身球打乱对手的回球节奏

D. 二发：发高度偏低的球迫使对手弯腰击球

15. 在一发和二发中加入上旋是一种有效的战术策略，我们应该注意的是（　　）。

A. 一发：速度稍慢的上旋球打乱对手的节奏

B. 一发：试着将球打得更低

C. 二发：减少一些旋转以降低球的反弹速度

D. 二发：利用拍头加速度使球快速弹向边线

16. 发球上网技术要求发球运动员从发球位置快速向前移动到前场合适的截击位置，为了提高击球的速度和稳定性，我们应该采用的技术要点有（　　）。

A. 发球后脚顺势进入场地

B. 全速冲向发球线的前面

C. 全速冲向网前位置

D. 当对手击球时，向前冲刺并做好准备姿势

17. 许多运动员觉得发球上网的第一次截击难度很大，因为他们想占据进攻位置迅速得分，然而却总是失误。那么，截击时应该注意的要点有(　　)。

　　A. 在球接近身体时击球

　　B. 击球时保持身体平衡

　　C. 如果截击位置高于腰部，试着打出制胜球

　　D. 如果截击位置较低，注意降低身体重心并打开拍面

　　E. 截击时保持向前移动

18. 在应对速度较快的一发球时，接发球运动员的压力会很大，因为容易造成接发球失误。以下能帮助接发球运动员提高接发球质量的有(　　)。

　　A. 回直线球

　　B. 回斜线浅球

　　C. 回中路球

　　D. 回既高又深的斜线球

　　E. 回既高又深的中路球

19. 应对一发球时，许多运动员在预测发球方向、判断发球速度方面遇到了困难。下列能帮助运动员提高接发球反应速度的方法有(　　)。

　　A. 根据对手的习惯预判方向

　　B. 对比正、反手发球方向上的规律

　　C. 根据对手的抛球做出预判

　　D. 注意观察球是否在飞行中旋转

20. 一般情况下，二发的速度比较慢、落点比较浅，但是接发球运动员回球时却经常出现失误，不是回球下网就是回球出界。遇到这种情况，接发球运动员可以采用的办法有(　　)。

　　A. 回直线球并随球上网　　　　　　B. 回斜线球并随球上网

　　C. 回小斜线球　　　　　　　　　　D. 回中路球并随球上网

习题 2 答案

1. ABC　2. ABCD　3. ABC　4. C　5A　6. A　7. C　8. C　9. B　10. CD
11. AC　12. CD　13. DE　14. ABCD　15. AD　16. AD　17. BD　18. DE
19. ABC　20. AC

第三章　网球的技战术训练

网球作为一种竞技体育项目，其训练的重要性不言而喻。运动员要想在比赛中取得优异成绩，必须通过长期、系统和科学的训练来提高自己的竞技水平。

本章综合探讨了技术训练与单双打战术训练，旨在指导运动员如何通过科学方法提升竞技表现。有效的网球技战术训练是一个全面且持续的过程，需要明确的目标、个性化的方法和周密的计划。通过科学的训练，使运动员能够在激烈的比赛中发挥出最佳水平。

第一节　技术训练

一、正手击球训练

1. 正手抽球手腕延迟训练

手腕保持放松，向后引拍时手腕和球拍一起向后向上移动。击球时，手腕随手臂向前挥拍，球拍由于惯性仍在向后移动，此时手腕和球拍的移动方向相反，形成甩拍动作。

正手抽球手腕
击球

训练关键点：手腕放松，让手腕跟随球拍转动。

训练难点：移动中保持绕"8"字挥拍的同时，脚步需向前移动。

训练方法：持球拍绕"8"字挥拍。

第一步：用手指抓住球拍的拍柄，转动躯干和臀部，使球拍拍头在空中画出"8"字轨迹。

第二步：用正手握拍做相同的动作。

第三步：向前移动，在移动的同时进行绕"8"字练习。

2. 正手上旋球训练

击打正手上旋球时应确保球拍的运动轨迹是由下向上的，若要让击出的球上旋强烈，那么应调整挥拍的角度和力度。

训练方法1：在运动员正手击球点前方放置一个的障碍物（如椅子），该障碍物的高度在运动员的髋部附近，教练员站在障碍物侧面将球抛在障碍物的前面，运动员运用关闭式步法击打上旋球。

训练方法 2：运动员 B 在对面半场给运动员 A 送球，运动员 A 在底线打上旋球，包括上旋底线抽球和上旋过网下坠球(图 3－1)。注意：送球运动员要控制好击球节奏。

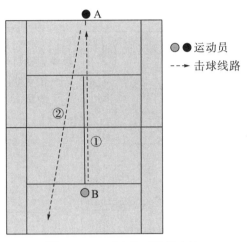

图 3－1　正手上旋球练习方法

训练方法 3：在中网上方拉一根绳子，高度设定为网带以上一米左右。运动员在底线击出正手上旋球。要求运动员使用正手上旋球技术，调整挥拍角度和力度，使球越过绳子并且落在对面场地的底线内（上旋发球也可以采用这种方式进行训练）。

3．正手变化训练

训练目的：训练正手的多点进攻。

训练方法：（1）教练先后送中路球和边路的底线球。

（2）运动员先在中路侧身打出大斜线球，再移动到边路打出直线球（图 3－2）。

训练要求：运动员击出的球应具有攻击性且有准确的落点。

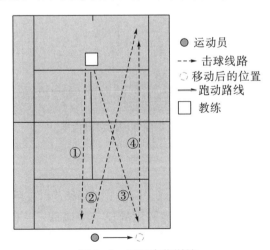

图 3－2　正手变化训练

4. 狭长区域的对打训练

训练方法1：两人合作进行狭长区域的对打训练，要求两名运动员在单双打边线之间的区域内进行(图3-3)，并计数。目的是加强运动员击球的稳定性。

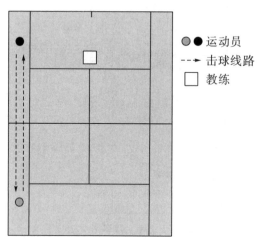

● ● 运动员
--→ 击球线路
□ 教练

图3-3　单双打线区域内的对打训练

训练方法2：两名运动员分别站在本方发球线内一步的位置进行正手对打训练，要求将球的落点控制在发球线内，并计数（图3-4）。

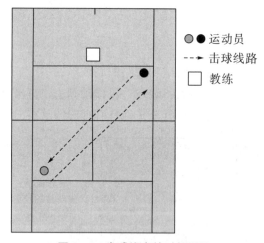

● ● 运动员
--→ 击球线路
□ 教练

图3-4　发球线内的对打训练

5. 正手进攻球训练

训练方法：教练先送出一正手中场球，运动员斜线移动，正手击出直线球。运动员击球后迅速向左移动，用正手侧身接教练送出的反手中场球，并回出直线球，如图3-5所示。

训练要求：要保持进攻性，击球落点准确。

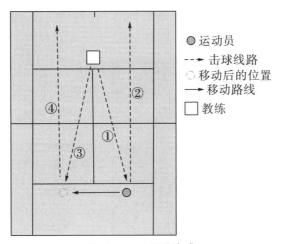

图 3－5　正手进攻球

6. 三拍正手训练

训练目的：通过三拍正手训练，提升运动员的正手击球能力和调整身体的能力。

训练方法：运动员站在底线中央，准备接教练的球。教练送出反手球，运动员迅速移动并正手侧身击出斜线球，教练随即送出第二球、第三球，运动员向网前紧逼，并将球击向同一区域（图 3－6）。

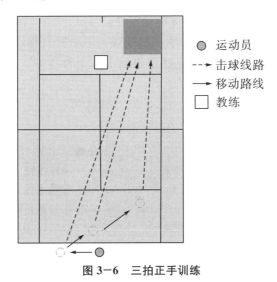

图 3－6　三拍正手训练

二、双手反拍击球训练

1. 底线接中场球训练

训练目的：强化运动员底线双手反拍击球的控制力，提升运动员在底线区域击球的稳定性和准确性。

训练方法：教练先送出一个深球，运动员反手击出斜线球，然后移动至发球线，反手击出直线球（图3-7）。

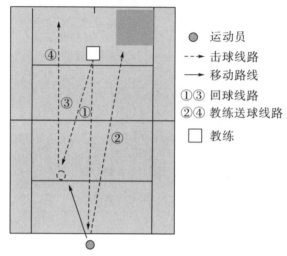

图3-7　底线接中场球训练

2. 斜线反手交替直线训练

训练目的：通过斜线反手交替直线训练，提高运动员的步法灵活性和底线回防能力，加强运动员对底线的控制力和击球的稳定性。

训练方法：运动员A在左半场反手送斜线球，运动员B移动到右半场击出直线球，此时运动员A应迅速移动到接球位置并作出回击，交替往复，直至出现失误（图3-8）。

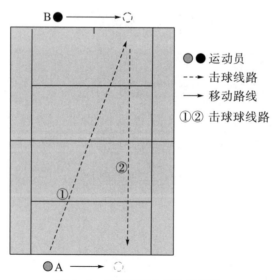

图3-8　斜线反手交替直线训练

3. 多球底线降重心训练

训练目的：降低运动员移动时的身体重心。

训练方法：教练分别给两位运动员送球，每次运动员反手击完球后回中线标记点用手触地（图3－9）。

训练要求：两人在中心点必须用手触地。

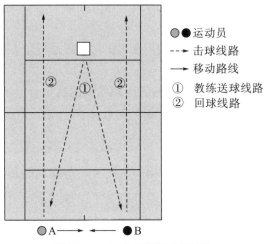

图3－9　多球底线降重心训练

4. 反手小场地击球训练

训练目的：通过在较小场地内进行反手击球训练，提高运动员对击球方向及落点的控制能力。

训练：在发球区内，两名运动员轮流使用反手击球。训练时可结合积分制，以增加训练的竞争性和趣味性（图3－10）。同时，在目标区域摆放标志物，运动员需有意识地将球击向标志物所在区域。长期坚持这种训练，将有助于运动员在比赛中更好地控制击球的方向及落点，提高战术执行的精确度。

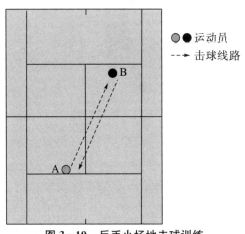

图3－10　反手小场地击球训练

三、发球和接发球技术训练

1. 抛球训练方法

抛球是发球中非常关键的一步，它直接影响到发球的质量。很多网球爱好者在训练时不关心球上抛的位置，因为发球时抛球的位置确实很难确认，那么，如何提高我们的抛球质量呢？

抛球训练

训练方法 1：利用挡网训练。侧对挡网以发球姿势站好，在挡网上预设一个抛球点，将球抛向预设的抛球点。

训练方法 2：在大树下训练。在校园或运动场周围找到合适的树木，站在树下，寻找适合的抛球目标（如树叶）。瞄准这棵树的树叶多次上抛，反复练习。

2. 发球左右手协调性训练

第一步：准备 2 个球，以正确的发球姿势站立于底线。左脚脚尖对右侧的网柱，右脚大致与底线平行。每只手分别拿 1 个球，拿球时注意放松手腕，用手掌和手指的力量控制球。

发球左右手协调性训练

第二步：左手向上抛球，抛球高度和位置要适中。瞄准这个抛起的球，右手模拟发球动作将手中的球投出（图 3-11）。在实际训练中，右手投出的球是很难打中左手抛出去的球，但训练的目的是让投出的球越过球网，而不是真的要击中左手抛出的球。这种训练方法能提高左右手的协调性，提高发球技巧。

图 3-11 抛球训练

3. 发球手臂内旋的训练

第一步：手臂平伸至体前且掌心相对，翻转手臂使掌心向下，或使用大陆式握拍的方式，持球拍的拍喉，做扇扇子的动作。

第二步：徒手掷球练习。从奖杯姿势开始，将球扔得尽量高和远，扔完球后大拇指向下掌心向外。

第三步：站在挡网前挥拍练习。开始时用拍楞击打挡网，熟练之后则在挥拍快到挡网时手臂内旋由拍面击打铁丝网。

小贴士：用拍楞击打铁丝网时，小臂是向右侧前上方45°左右的方向挥动。手臂内旋动作完成的快慢决定了击出的球是平击球、侧旋转还是侧上旋球。

第四步：扔球拍练习。由奖杯姿势开始，蹬地发力将球拍扔出去。

第五步：简易发球练习。持拍手臂先将球拍举起，成奖杯姿势，然后抛球并击球。

4. 接发直线（斜线）球练习

训练目的：加强运动员在接发球时对直线球和斜线球回击的控制能力，提高反应速度和击球的准确性。

训练方法：两个发球运动员同时站在右发球区，要求发向球场外角，接发球运动员每次回直线（斜线）球。每发10次球后，发球运动员和接发球运动员交换角色（图3－12）。

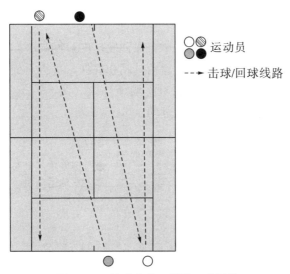

图3－12 接发直线（斜线）球训练

5. 平击发球训练

训练目的：提高运动员击出威胁球的能力，迫使对手处于不利的接发球位置，或者直接得分。

训练方法：发球运动员站在发球区的中心附近发内角球（图3－13）。注意：训练时，要尽量让球速快且低平。

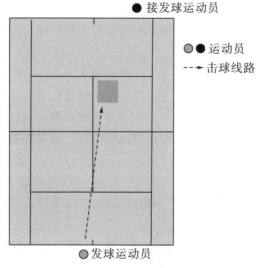

图 3—13　平击发球练习

6. 上旋发球训练

训练目的：提高运动员发球的成功率，保证发球的过网高度，确保球落在界内。

训练方法：在球网上加设一根线，运动员站在底线，进行上旋发球练习，要求击出的球必须高过这根线，且不触碰线落在对方场地界内（图 3—14）。运动员也可以单膝跪在底线，只运用上半身的力量把球发过网。

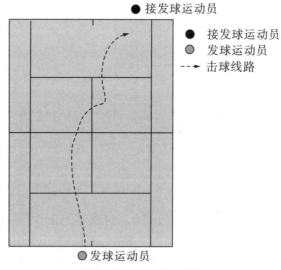

图 3—14　上旋发球训练

7. 发球、接发球与网前对抗训练

训练目的：提高运动员发球、接发球的稳定性，增强网前与底线的对抗能力。

训练方法：指定一名运动员发球，发球运动员从底线发球，接发球运动员在接球后，立即将球直线击向对方网前运动员。网前运动员接到球后迅速进入对抗状态，直至得分或失分（图 3-15）。

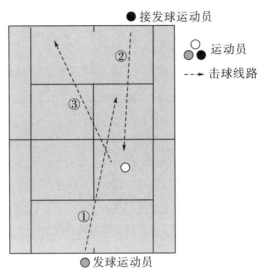

图 3-15　发球—接发球与网前对抗训练

四、截击球训练

1. 目标训练

训练目的：提高运动员截击球的准确性。

训练方法：选择一面平坦的墙壁，运动员站在距离墙壁约 2 米处。在墙上画一圆圈，采用截击球技术将球击向墙壁的圆圈内（图 3-16）。练习时，不要求击球的速度和力量，只要求击球的准确率。

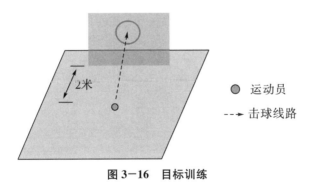

图 3-16　目标训练

2. 四人互击截击球训练

训练目的：提高运动员在截击时的控制能力和反应速度。

训练方法：4 名运动员各自站在发球区内，形成一个循环击球的阵形（图 3-17），

4次失误后运动员交换位置。

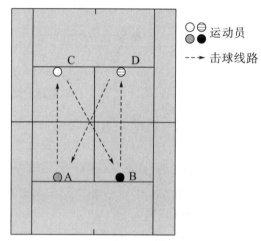

图 3-17 四人互击截击球训练

3. 感觉训练

训练目的：通过轻柔的截击球技术练习，帮助运动员体会和掌握截击球的动作要领。

训练方法：教练站在发球线上，轻轻地将球抛给运动员（图 3-18）。要求运动员使用截击球的技术动作，控制力度将球回击给教练。感觉训练是一种基础而有效的训练方法，有助于运动员在没有压力的情况下，细致体会截击球技术的动作要领，为提高截击球技术打下坚实的基础。

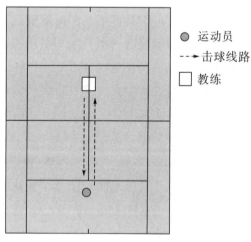

图 3-18 感觉训练

4. 组合球截击训练

训练目的：提高运动员网前截击的连贯性，增强进攻意识。

训练方法：教练分别送出一个中场球和一个反手球，要求运动员先正手截击中场球，再快速来到网前截击反手球（图 3−19）。要求第二次拦截要迎面击球，力争在高点击球。

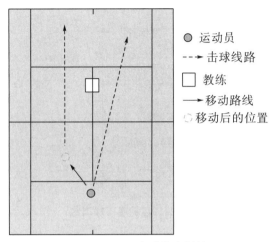

图 3−19　组合球截击训练

五、高压球与挑高球训练

1. 对墙连续高压球训练

训练目的：通过反复练习，提高运动员对高压球的控制能力和球感。

训练方法：运动员站在距墙 7 米处，采用发球动作将球击向距墙 1.5 米处的地面（图 3−20）。当球反弹回来时，运动员移动至击球点，采用高压球技术将球打向墙前 1.5 米处的地面。

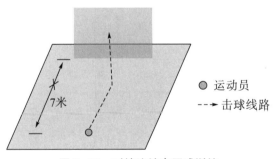

图 3−20　对墙连续高压球训练

2. 后退高压球训练

训练目的：通过模拟比赛中可能出现的高压球情景，提高运动员在后退过程中打高压球的技巧和稳定性。

训练方法：运动员 A 站在网前，运动员 B 站在底线将球挑高至运动员 A 的后场，运动员 A 迅速后退并调整位置击出高压球（图 3−21）。

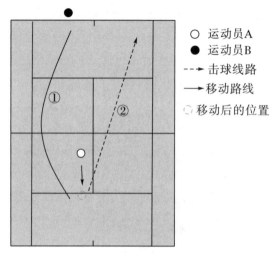

图 3-21　后退高压球训练

3. 挑高球训练

训练目的：提高运动员在防守时挑高球的能力。

训练方法：教练将球送至运动员的正手区域，送的球应深且接近边线，运动员迅速移动至接球位置，运用挑高球技术将球挑过教练并落在教练的后场（图 3-22）。

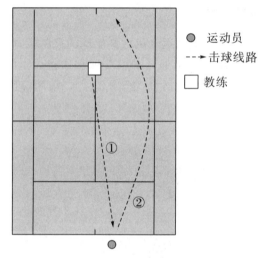

图 3-22　挑高球训练

4. 上网挑高球训练

训练目的：提高运动员的挑高球技术，增强攻击性。

训练方法：在训练中，每逢对手上网，必须挑高球（图 3-23）。

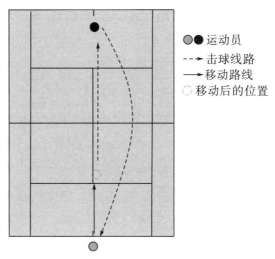

图 3-23 上网挑高球训练

六、其他训练

1. 二人对练放小球训练

训练目的：作为热身活动，提高运动员的球感。

训练方法：两名运动员站在网前，将球击向对方场地靠近网的区域（图 3-24）。练习时，交替击出直线球和斜线球。

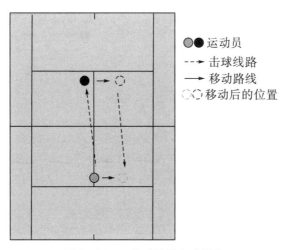

图 3-24 二人对练放小球训练

2. 一抛一击反弹球训练

训练目的：提高运动员的球感。

训练方法：教练在网前将球抛向运动员所在方向，运动员在球落地反弹后击球并迅速上网（图3—25）。运动员应在球落地反弹后击球，目标是将球打至对方场地深处，为下一拍截击做好准备。

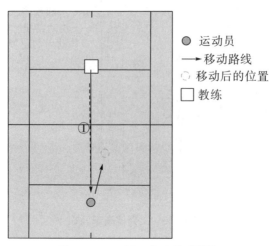

● 运动员
→ 移动路线
◌ 移动后的位置
□ 教练

图3—25　一抛一击反弹球训练

3. 反手切削球训练

训练目的：提高运动员的反手切削球技术。

训练方法：运动员B将球击向对方场地的阴影处（运动员A的反手区域），运动员A使用反手切削球技术，把球击向三个不同的目标（图3—26）。运动员A应尽量将球击向目标T1处（放小球）。

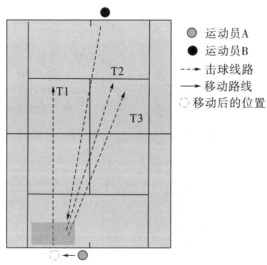

● 运动员A
● 运动员B
--→ 击球线路
→ 移动路线
◌ 移动后的位置

图3—26　反手切削球训练

七、增强击球力量的三种训练方法

腰腹核心是运动员形成强大动力链的关键。击球时，始于脚底的力通过腰腹核心的传递，最终转化为球拍上的力量，使球得以高速飞出。为了提升击球的力量，腰腹核心训练应该成为运动员日常训练的重要内容，训练中最常见的工具就是实心球。

训练方法 1：抛球实心球。

运动员与教练面对面站立，教练向运动员的左侧或右侧抛出实心球，运动员迅速移动并用双手接住实心球。接球后，运动员采用正手或反手击球的动作将实心球抛回给教练。

训练方法 2：双手头上前掷实心球。

运动员面对投掷方向，双脚前后（或左右）开立，身体重心后移。双臂伸直持实心球于头上后方，身体后仰，然后双腿用力蹬地，充分利用蹬腿、收腹和挥臂的力量将实心球向前上方掷出。

第二节　单打战术训练

一、正反手防守训练

1. 防守型 V 字步法训练

训练目的：旨在帮助运动员在防守时保持身体平衡，通过有效的步伐移动找到最佳的防守位置。

训练方法：教练站在底线与发球线之间的区域给运动员抛球。球落地前，运动员应迅速判断球的落点，并根据球的落点及轨迹选择合适的回击方式，如球落在身体的外侧，应沿着球的原线路回击。当遇到浅球时，运动员方可利用这个机会改变回球线路（图 3-27）。建议进行 60 次重复练习，每 20 次一组。

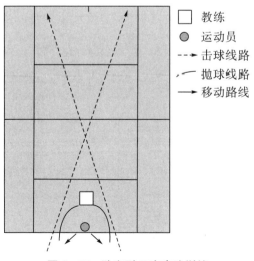

图 3-27　防守型 V 字步法训练

2. 底线后随机球训练

训练目的：旨在帮助运动员能适应和应对来自底线不同深度的随机球，学会如何合理选择回球线路，进行有效防守。

训练方法：教练在抛球时，需确保球的第一次弹跳后落地位置在底线后方，这样可以模拟比赛中对手可能打出的深球。运动员应采用上旋球技术将球回击到对方底线（图 3-28）。建议每次训练击球 6~10 次。

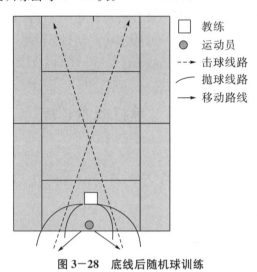

图 3-28 底线后随机球训练

3. X 形跑动训练

训练目的：通过这种训练，运动员能够根据不同方向的来球快速变线移动并选择合适的回击线路，提高比赛时的适应能力和反应速度。

训练方法：教练根据运动员的位置，分别向正手深区、反手浅区、反手深区和正手浅区抛球。运动员在深区回球时，应回击斜线球；运动员在浅区回球时，应回击直线球（图 3-29）。

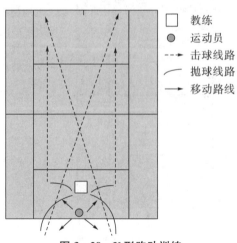

图 3-29 X 形跑动训练

4. 底线横向移动 20 次击球训练

训练目的：底线横向移动 20 次击球训练主要锻炼运动员的耐力，提高运动员的专注力，加强运动员击球的稳定性。

训练方法：教练在另一半场向运动员喂球，运动员需要在底线横向移动，根据来球的深度选择合适的击球线路（图 3-30）（教练喂球时可以加入旋转的变化，运动员回击球时，应尽力保证成功率达到 100%）。

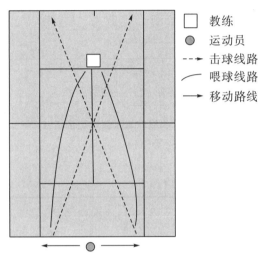

图 3-30　底线横向移动 20 次击球训练

5. 斜线球与直线球组合训练

训练目的：通过运动员在底线重复的横向移动击出斜线球、直线球，提升他们在实战中的专注力、稳定性及回球线路的准确性。

训练方法：两名运动员相互配合，一名运动员先打直线球，另一名运动员打斜线球（图 3-31），重复，连续 20 拍底线深区击球。

选择击斜线球或者直线球进行一分钟的对拉计数训练，要求在这一分钟之内运动员尽可能不失误，完成预定好的拍数目标。未完成则接受相应的惩罚，完成后可延长时间和增加预定的拍数（视情况而定）。随着对拉时间的延长，对球员的耐力和意志力也是一种很好的锻炼。

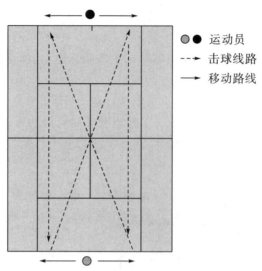

图 3-31　斜线球与直线球组合训练

二、正反手进攻训练

1. 防转攻半 X 形线路训练

训练目的：提高运动员迅速从防守状态转换到进攻状态的能力，增强运动员对进攻时机的敏锐洞察力和把握能力。

训练方法：教练向运动员喂球，包括正手深区、正手浅区、反手深区和反手浅区的球。运动员根据来球的位置和深度选择回击斜线球或直线球（图 3-32），建议每次训练目标为 20 个回合，也可根据运动员的实际情况适当调整训练量。

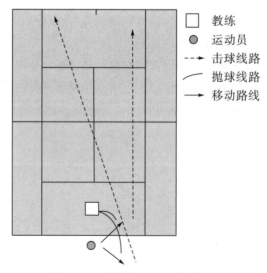

图 3-32　防转攻半 X 形线路训练

2. 进阶半 X 形对拉训练

训练目的：提高运动员在相持阶段对进攻机会的寻找和把握能力。

训练方法：两名运动员进行正手或反手击球的对拉训练。击球后，运动员应回到中线处，准备下一次击球（图 3-33）。

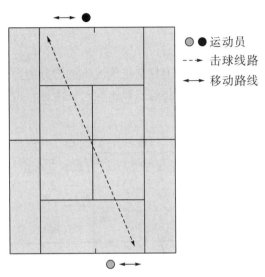

图 3-33 进阶半 X 形对拉训练

3. 变线训练

训练目的：提高运动员在进攻阶段识别对手的弱点和创造变线进攻击机会的能力。

训练方法：两名运动员进行正手或反手击球斜线对拉，模拟比赛中的相持阶段。每次击球后，运动员回到中线位置，当对手击出浅球时可以选择变线进攻（图 3-34）。

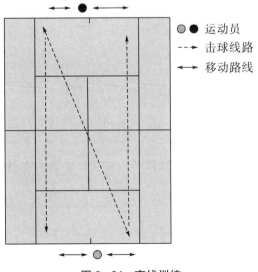

图 3-34 变线训练

4. 全场进攻训练

训练目的：提高运动员对外侧球和内侧球的识别、回击能力，锻炼运动员在实战中对不同深度球的回球线路选择的能力。

训练方法：教练给运动员喂球，运动员根据来球类型（外侧深球、外侧浅球、内侧球）选择合适的回球线路。

5. 正手侧身击球变线训练

训练目的：提升运动员在占据场上优势的情况下的得分能力。

训练方法：运动员采用正手侧身将球斜线击向对手深区，待对手回击浅球时迅速变线击球，迫使对方失误（图 3-35）。

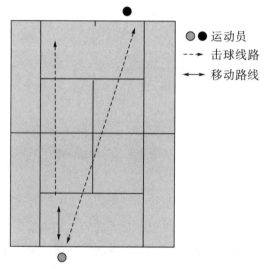

图 3-35 正手侧身击球变线训练

三、利用多球进行步法训练

1. 同侧随机球训练

训练目的：通过教练的随机抛球，锻炼运动员在面对不可预测的来球时的反应能力和步法调整能力。

训练方法：教练随机向运动员附近抛球，运动员根据来球的落点及速度快速调整步法，移动至合适位置击球（图 3-36）。

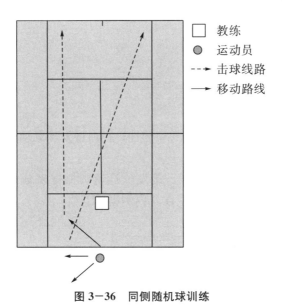

图 3-36　同侧随机球训练

2. 防守多拍相持击球

训练目的：提高运动员在比赛相持时的防守能力及寻找进攻机会的能力。

训练方法：教练向运动员喂深球，运动员运用滑步技术，以缩短回位时间，提高移动效率（图 3-37）。运动员使用合理的击球技术，控制击球的方向和深度。

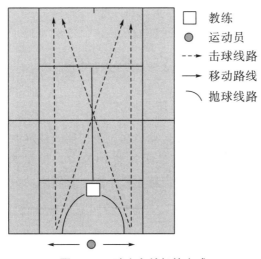

图 3-37　防守多拍相持击球

3. 全场随机喂球训练

训练目的：全场随机喂球训练是一种模拟实战中不可预测球路的训练方法，旨在提高运动员的反应速度、判断力、移动能力和短距离冲刺能力。

训练方法：教练全场随机向运动员喂球，运动员通过观察教练的肢体动作对球的落点进行预判、移动和击球。

四、发球与接发球训练

1. 发球与接发球稳定性训练

训练目的：提高发球运动员二发的稳定性；提高接发球运动员合理选择回球线路的能力。

训练方法：假定发球运动员二发，接发球运动员根据来球选择回击线路（图 3-38）（要求接发球运动员外侧击球不变线，内侧击球变线）。

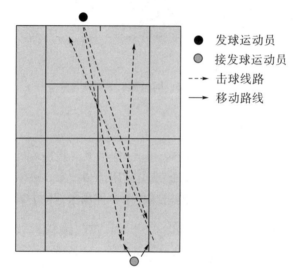

● 发球运动员
● 接发球运动员
- - ▶ 击球线路
—— ▶ 移动路线

图 3-38　发球与接发球稳定性训练

2. 发球与接发球前 4 拍球训练

训练目的：通过模拟比赛，提高运动员在比赛初期的稳定性和进攻性。

训练方法：发球运动员在一区与二区各发 10 次球，接发球运动员根据如图 3-39 所示的线路进行回击。要求双方球员击球不要下网，发球运动员发 20 次球必须成功 17 次以上，并做记录。

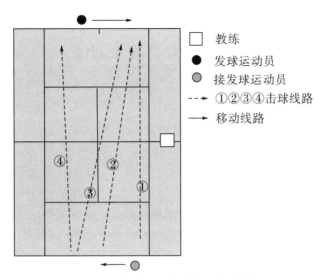

图 3-39　发球与接发球前 4 拍球训练

3. 接发球施压训练

训练目的：提高接发球运动员通过正手击球向发球运动员施加压力的能力。

训练方法：接发球运动员回球线路如图 3-40 所示。发球运动员在一区发球时，接发球运动员需移动到中点前画×处运用正手击球技术回击；发球运动员在二区发球时，接发球运动员移动到单打和双打边线之间画×处运用正手击球技术回击。发球运动员在一区和二区各发 10 次球，要求发球成功次数在 17 次以上。

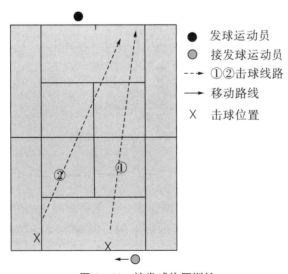

图 3-40　接发球施压训练

第三节　双打战术训练

一、防守训练

1. 1 vs. 1 斜线压力训练

训练目的：在双打比赛中，发球与接发球运动员较多采用斜线球对拉，若在对拉过程中出现失误，则很容易被对方的网前运动员抢网得分。

训练方法：发球运动员与接发球运动员进行斜线对拉训练时，尽量保持球的飞行轨迹在斜线上（图 3—41）。在对拉过程中，双方运动员可采用不同的技术（如切削球、挑高球、上网截击等），以模拟实战。

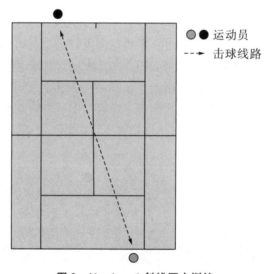

○ ● 运动员
--→ 击球线路

图 3—41　1 vs. 1 斜线压力训练

2. 争先上网训练

训练目的：提高接发球运动员的上网意识，强化网前进攻能力。

训练方法：接发球运动员回击斜线球后上网。发球运动员在一二区轮换发球（图 3—42）。

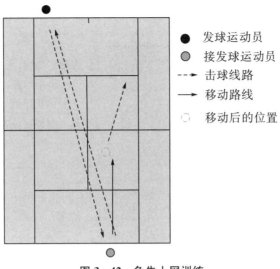

图 3—42 争先上网训练

3. 底线斜线防守训练

训练目的：提高接发球运动员在底线面对发球运动员上网时的防守能力，以及在底线的斜线回球技术。

训练方法：发球运动员发球后随球上网，接发球运动员在底线横向移动并斜线回球，以迫使上网运动员移动至对角线位置（图 3—43）。

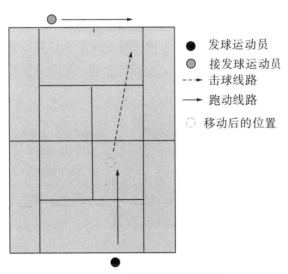

图 3—43 底线斜线防守训练

4. 双打中的高压球训练（2 vs. 1）

训练目的：提升发球运动员面对双底线防守时，运用高压球技术击出高质量和大角度回球的能力。

训练方法：发球运动员发球后随球上网，对方接发球运动员挑高球，发球运动员运用高压球技术得分（图 3-44）。

接发球运动员 ●　　　　　○

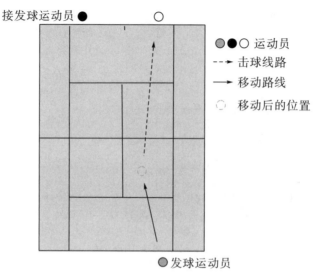

●●○ 运动员
--→ 击球线路
→ 移动路线
○ 移动后的位置

● 发球运动员

图 3-44　双打中的高压球训练（2 vs. 1）

二、进攻训练

1. 接发进攻训练（2 vs. 1）

训练目的：提高接发球运动员接对方二发球的能力。

训练方法：发球运动员二发后随即上网。接发球运动员击斜线球，创造上网得分的机会（图 3-45）。双方运动员轮流发球，每轮四分钟，记录双方的比分。

● 发球运动员

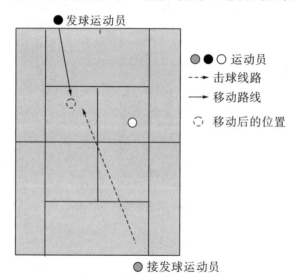

●●○ 运动员
--→ 击球线路
→ 移动路线
○ 移动后的位置

● 接发球运动员

图 3-45　接发进攻训练（2 vs. 1）

2. 二发后上网截击小斜线得分训练

训练目的：提高发球运动员在发球后迅速上网并利用截击技术击小斜球得分的能力。

训练方法：发球运动员二发后随即上网，接发球运动员回击斜线球，发球运动员上网截击，将球击向对手深区。接发球运动员继续回击斜线球，发球运动员网前截击，打出小斜线球得分（图3-46），发球运动员在一区和二区各发10次二发球，再与对方轮换。

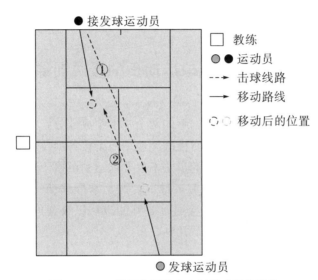

图3-46　二发后上网截击小斜线球得分训练

第四章 网球运动员的步法、热身、拉伸和核心力量训练

第一节 网球运动员的步法训练

网球运动中的步法和手法是技术训练的两个基本组成部分，二者相互依赖，共同决定了运动员在场上的表现。步法是及时准确地使用与衔接各项技术动作的枢纽，也是执行各项战术的有力保证。网球运动中的步法不仅要求运动员擅于奔跑击球，还要求运动员善择时机。因此，在进行步法训练时，最重要的是掌握移动时机和保持身体重心平衡，特别是击球前不应该跨大步，而应通过微调的方法以快速的小碎步去接近球的落点，网球运动中主要采用的步法有以下几种。

一、侧滑步训练

训练步骤：
（1）保持运动姿势，双脚分开与肩同宽，双膝微弯，两眼直视前方。站在底线中间标识处，用惯用手握拍。

侧滑步

（2）身体重心下移并保持平衡，保持运动姿势，双脚平行向左侧移动五步。
（3）向左侧移动五步后，移动回底线中间标识处。
（4）向右侧重复该动作。
教练提示：准备时，两脚分开与肩同宽，双膝弯曲，上身挺直。移动时，双脚同时向同一方向蹬伸，在移动过程中保持身体重心的稳定，减少上下起伏。

二、交叉步训练

当运动员需要快速改变移动方向时，交叉步是一种有效的步法。
训练步骤：
（1）保持运动姿势，双脚分开与肩同宽，双膝微弯，两眼直视前方。站在底线中间标识处，用惯用手握拍。

交叉步

（2）抬起右腿，将右脚交叉于左脚前。在右脚交叉的同时，左脚于右脚后面向左迈

出。注意双膝微弯，挺胸。

（3）移动回底线中间标识处，向右侧重复该动作。

教练提示：准备时，两脚分开与肩同宽，双膝弯曲，上身挺直。移动时，同侧脚向移动方向迈出后，异侧脚从同侧脚前方向移动方向迈出，同侧脚紧跟异侧脚移动，注意在移动过程中两脚始终保持交叉。

三、小碎步训练

运动员在接近球的过程，应使用快速的小碎步来微调位置，确保能准确地到达球的落点。

训练步骤：

（1）保持运动姿势站立，双脚分开与肩同宽。双膝微弯，两眼直视前方。站在底线中间的标识处，用惯用手握拍。

（2）向上跳起但不要跳得太高，在跳跃的最高处至落地的过程中，向预定方向转动髋部。这是一个简单的减重技巧，有助于运动员快速改变方向。注意落地时最靠近球的脚稍微外转，为下一步移动做好准备。

（3）一旦落地，向预定的方向迈出三步或四步。向另一侧重复该动作。

教练提示：可以进行抛球训练，使运动员在跑动中利用小碎步进行制动和调整。

四、分腿垫步训练

网球中的分腿垫步是指双脚平行与肩同宽或略宽于肩，利用膝关节进行屈伸，落地的同时降低身体重心（图 4－1）。分腿垫步的主要动作是"跳"，当对手开始挥拍时运动员轻轻地跳离地面，用前脚掌着地，这样可以更好借助地面的作用力，蹬地启动。

分腿垫步

训练步骤：

（1）保持运动姿势站立，双脚分开与肩同宽，双膝微弯，两眼直视前方。站在底线中间的标识处，用惯用手握拍。

（2）向上轻轻跳起且保持连续性。

教练提示：分腿垫步动作要轻盈，避免过度跳跃，影响移动的连贯性。可结合侧滑步和交叉步等步法进行训练，养成良好的分腿垫步习惯。

图 4-1　分腿垫步

五、前后移动步法

前后移动步法训练是提高运动员在底线前后移动能力的训练，能提高
运动员应对对手深球和浅球的能力。

前后移动步法

训练步骤：

（1）站立在底线中间，双脚分开与肩同宽，双膝微弯，保持运动姿势。

（2）当向前移动时，保持身体低重心，采用快速的小碎步或冲刺步。当向后移动
时，采用后退步或交叉步来调整位置，注意保持身体平衡，避免向后跌倒。

教练提示：在向前移动时注意使用腿部的力量，保持身体前倾，以便快速到达球的
落点（图 4-2）。

图 4-2　前后移动步法训练

六、高抬腿左右移动跨越障碍物训练

训练步骤：

高抬腿左右移动跨越障碍物训练是一种提高运动员下肢力量、协调性
和灵活性的训练。

（1）选择适当高度的小栏架作为障碍物。运动员站在小栏架的一侧，

高抬腿左右
移动跨越
障碍物

保持身体直立。

（2）选择靠近小栏架的腿作为起始腿（图4-3），用起始腿跨过小栏架，确保腿不触碰小栏架，待起始腿要落地时，迅速抬起另一条腿，以同样方式跨过小栏架。

（3）重复上述动作做连续跨越，即从小栏架的另一侧跨回起始侧。

图4-3　高抬腿左右移动跨越障碍物训练

教练提示：保持脊柱中立位，避免在抬腿时弯腰；抬腿时，要激活核心肌群，保持腹部紧绷，这样有助于维持整个身体的平衡和稳定性。

七、小步跑前后上板训练

小步跑前后上板训练可以提高运动员的反应速度，增强腿部肌肉的力量和耐力。

训练步骤：

（1）保持运动姿势站立，双脚分开与肩同宽。双膝微弯，两眼直视前方。

（2）左右两脚小步跑，先向前上板再向后下板，要求两脚频率快速且身体略微前倾。

教练提示：在小步跑时，保持身体低姿态。眼睛盯板，确保每次踏在板上（图4-4）。

图4-4　小步跑前后上板训练

八、两人脚底推球训练

两人脚底推球训练可提高运动员脚部的灵活性和身体的平衡性。

训练步骤：

（1）两名运动员距离 2~3 米面对面站立，一名运动员用脚底轻轻将球推向另一名运动员，另一名运动员用脚底接到球后，同样用脚底将球推回（图 4-5）。

（2）左边来球用左脚脚掌推球，右边来球用右脚脚掌将球推出，两脚始终保持小步跑，根据来球方向利用侧滑步或其他步法进行调整。

教练提示：利用步法快速移动到球的后方，用前脚掌将球推出。

两人脚底推球
训练

图 4-5 两人脚底推球训练

九、左右绕障碍物训练

左右绕障碍物训练，能提高运动员的灵活性和敏捷性。

训练步骤：

（1）在平整的场地上放置两个障碍物（如锥形标志物、小桶等），两个障碍物距离 1.0~1.5 米，距离可适当调整。

（2）采用侧滑步进行左右绕障碍物训练（图 4-6）。

教练提示：降低身体重心，在绕过障碍物时注意身体重心的转换。

左右绕障碍物
训练

图 4-6　左右绕障碍物训练

十、脚踩平衡垫进行正反手挥拍训练（以右手持拍为例）

脚踩平衡垫进行正反手挥拍训练是一种提高运动员平衡能力、稳定性和挥拍技巧的综合训练方法。

训练步骤：

（1）右脚踩在平衡垫上（图 4-7）。

（2）将左腿抬起，右腿支撑整个身体在平衡垫上站直。

教练提示：不需要转髋转肩，注意控制身体平衡。

脚踩平衡垫正反手挥拍训练

图 4-7　脚踩平衡垫进行正反手挥拍训练

第二节　网球运动员的热身训练

热身运动非常重要，它能提高运动员的身体温度，减少肌肉的黏滞度，增加肌肉弹性，减少运动时受伤的风险。热身运动还能提高运动员的心肺功能，增加摄氧量。在心理方面，有助于运动员迅速进入比赛状态，可以帮助运动员集中注意力。

一、髋关节灵活性训练

（1）弓步走：右腿在前，屈膝使大腿与地面平行。左腿在后屈膝，膝盖可以着地，但注意要使大腿与地面垂直（图4－8）。两腿交替向前弓步走10～16步。

（2）侧弓步向前走：左腿屈膝，使大腿与地面尽可能平行。右腿伸直向右跨出一步，两脚间距根据自己的能力进行调整。上半身尽可能挺直，双手相握放于胸前半臂距离（图4－9）。两脚相互交替完成10～16组训练。

髋关节灵活性
训练（弓步走）

图4－8　弓步走训练

图4－9　侧身弓步走训练

髋关节灵活性
训练（侧弓
步向前走）

二、高抬腿走训练

运动姿势站立，双脚分开与肩同宽，背部挺直，目视前方。抬起一条腿，将膝盖向胸部方向抬高，尽量让大腿与地面平行（图4－10）。当一条腿抬高后向前迈步，然后换另一条腿抬高，双腿交替进行。

高抬腿走训练

图4－10　高抬腿走训练

三、侧抱腿走训练

侧抱腿走训练

身体开始为站立状态，双脚并拢，背部挺直。右手将右腿抱起且尽量抬高，并确保髋部能够外旋，保持该动作 2 秒后向前迈步。站稳后以同样的方式抱起左腿，双腿交替进行，每次热身至少完成 20 组训练（图 4−11）。

图 4−11 侧抱腿走训练

四、脚后跟踢臀走训练

脚后跟踢臀走训练

用同侧手拉住同侧脚，使脚后跟踢到同侧臀部，保持该动作 2 秒再将腿放下向前迈步（图 4−12）。两腿依次交替进行，每条腿每次完成 8~10 组训练。

图 4−12 脚后跟踢臀走训练

五、移动中拉伸腘绳肌训练

弓箭步走，双手伸直举于头顶，保持该动作 2 秒。然后放下双手在前脚的位置撑地，同时伸直前腿，脚尖翘起、脚后跟着地，后腿尽可能伸直保持 2 秒（图 4—13）。完成后向前走两步，双腿交替进行以上动作，每条腿完成 8～10 组训练。

移动中拉伸
腘绳肌训练

图 4—13　移动中拉伸腘绳肌训练

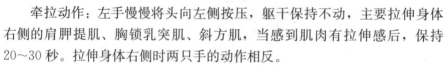

第三节　网球运动员的拉伸训练

网球运动中的拉伸可增加肌肉和肌腱的伸展性，减少肌肉拉伤和其他运动损伤的风险。另外，大量运动后的柔韧性拉伸可以减缓肌肉酸痛和僵硬，有效减少运动疲劳。

一、拉伸颈部到肩部训练

准备动作：身体直立，从牵拉身体右侧开始。左手放在头上，右手向后放于腰部靠左的位置，如图 4—14 所示。

牵拉动作：左手慢慢将头向左侧按压，躯干保持不动，主要拉伸身体右侧的肩胛提肌、胸锁乳突肌、斜方肌，当感到肌肉有拉伸感后，保持20～30 秒。拉伸身体右侧时两只手的动作相反。

拉伸颈部
到肩部训练

图 4—14　拉伸颈部到肩部训练

二、侧压训练

准备动作：两脚站立与肩同宽或略宽于肩，先拉伸身体左侧背阔肌、内斜肌，右手向后放位于腰的左侧，左手举起。拉伸身体左侧则两只手的动作相反（图 4—15）。

侧压训练

图 4—15　侧压训练

牵拉动作：以拉伸身体左侧为例，上举的左手臂带动身体向右侧倾斜，左小臂与地面尽可能平行，腰后的右手放松，保持这个姿势 20～30 秒。拉伸身体右侧则两只手的动作相反。

三、抱头旋转训练

准备姿势：双手十指相扣抱于头后，双脚站立与肩同宽（图 4—16）。

牵拉动作：身体直立向左或右旋转，旋转到右肘或左肘与额状面垂直

抱头旋转训练

（图 4—16），保持该动作 20～30 秒，再缓慢回到准备姿势。

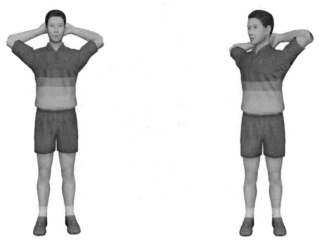

图 4—16　抱头旋转训练

四、跪拜式训练

准备姿势：双膝跪在垫子或柔软的地面上，两膝分开与肩部同宽。双脚脚背贴于地面，两手与肩对齐，头与身齐平（图 4—17）。

图 4—17　跪拜式训练

牵拉姿势：上身向后移，大腿与小腿重叠，躯干成"C"字形状，臀部尽量靠近地面，双肘弯曲，保持姿势 20～25 秒。

五、牵拉大腿后侧肌群训练

准备姿势：身体直立，将左腿或者右腿搭在桌上或者同伴的双手上，另一条腿直立（注意膝盖不要弯曲）（图 4—18）。

牵拉姿势：上身尽量前倾，感受大腿后侧肌群的拉伸程度，双手放于膝盖上，防止膝盖弯曲，保持该姿势 20～30 秒。

图 4-18　牵拉大腿后侧肌群训练

六、牵拉小腿后侧肌群训练

准备姿势：上身直立，双手叉腰，两腿前后分开成跨步姿势（图 4-19）。

图 4-19　牵拉小腿后侧肌群训练

牵拉动作：上身直立，双手叉腰，前腿不动但膝盖弯曲，后腿向后大跨步膝盖不弯曲，感受小腿后侧肌群的拉伸程度，停留在自身最大的拉伸程度 20～30 秒。

七、牵拉大腿前侧肌群训练

牵拉动作：身体直立，同侧手将同侧腿拉起，使大腿与小腿重叠，另一条腿直立，另一只手可以扶住墙或同伴（图 4-20），保持该姿势 20～30 秒，再换另一条腿做牵拉。

图 4-20　牵拉大腿前侧肌群训练

八、牵拉臀部肌群训练

准备姿势：仰卧在垫子上，上半身平躺，右腿的膝盖弯曲，搭在左腿的大腿靠近膝盖处（图 4-21）。

图 4-21　牵拉臀部肌群训练

牵拉动作：用手拉住右腿，带动左腿靠近腹部，这时感受臀部肌群的拉伸程度，保持该姿势 20~30 秒。

第四节　网球运动员的核心力量训练

网球是一项需要全身协调、爆发力和核心力量的运动项目，运动员在比赛中需要持续保持高强度的动作，因此核心力量的训练对网球运动员非常重要。核心力量训练是针对人体躯干两侧肌肉群的练习而研发的，主要包括对前部肌群、后部肌群和侧部肌群的锻炼。要成为一名优秀的网球运动员，核心力量训练是必不可少的。只有通过持续地训练和提升核心力量，运动员才能在比赛中保持稳定的状态，并最大限度地发挥自己的潜力。所以，要想在网球比赛中取得好成绩，就必须重视核心力量的训练。

一、屈膝仰卧起坐训练

屈膝仰卧起坐训练

训练步骤：

（1）平躺在地垫或平地上，抬起双腿，臀部和膝盖弯曲成 90°，双手置于耳旁（图 4-22）。

图 4-22　屈膝仰卧起坐

（2）抬起肩膀，上背部离开地面，用力收缩腹部，使胸部向前，同时要保持下背部接触地面。重点是收缩腹部带动身体运动，不要用手拉脖子来带动身体运动。

（3）慢慢降低上背部和肩膀到起始位置，重复上述运动。

教练提示：屈膝仰卧起坐是一种经典的锻炼核心肌群的方法，尤其对腹部肌肉有不错的锻炼效果。

二、侧式卷腹训练

侧式卷腹训练

训练步骤：

（1）平躺在地垫上，右腿伸直，左腿抬起弯曲膝盖，双手置于耳旁。

（2）开始做卷腹运动时，转动躯干，右肘移向左膝，努力与左膝接触（图 4-23）。

图 4-23　侧式卷腹训练

（3）慢慢地使身体回到开始的位置。接下来重复上述动作，左右腿交替进行。

教练提示：大多数网球动作都需要横向旋转身体。在运动员正手击球和反手击球时，保持核心力量的稳定有助于释放身体储存的能量以加速挥拍。

三、触足卷腹训练

触足卷腹训练

训练步骤：

（1）平躺在地垫或平地上，双脚伸直指向上方，手臂上举。

（2）收缩腹部肌肉，用手指去触碰脚尖，利用核心肌群收缩带动身体做动作。在此过程中，脚与腿要保持垂直，颈部要放松（图4-24）。

图4-24　触足卷腹训练

（3）继续收缩腹部肌肉，身体再慢慢降低到开始位置，然后重复上述动作。

教练提示：此训练有助于锻炼腹部和下背部肌肉。这些核心肌群在发球的随挥动作和蓄势动作中能起到至关重要的作用。

四、平板支撑训练

平板支撑训练

训练步骤：

（1）面朝下躺在地垫上，用手肘和小臂支撑身体。腿伸直，贴住地面，脚、膝盖和股四头肌接触地面，双脚分开大约与肩同宽。

（2）通过收缩核心肌群和臀部肌群，抬起身体以形成拱形。将身体抬离地面，只有小臂和脚趾接触地面（图4-25）。

图4-25　平板支撑训练

（3）保持该姿势，同时保持脊柱中立（背部平直）。初学者保持这个姿势10～30秒，条件优秀者建议保持此姿势1～3分钟。

教练提示：不要让臀部和背部下垂。此训练只有在保持肩膀和脚成一条直线时才有效。

五、卧雪天使训练

卧雪天使训练

训练步骤：

（1）面朝下躺在地垫上，双手放在头部两侧，手肘弯曲约45°。双腿离地，保持身体在一条直线上。

（2）通过挤压肩胛骨，将手肘向臀部方向移动。同时保持手肘弯曲角度不变。利用背部肌肉的力量将上背部抬起，尽量让胸部离开地面（图 4-26）。

图 4-26　卧雪天使训练

（3）保持该姿势几秒，然后缓慢回到起始位置，再重复上述动作。

教练提示：此训练可强化运动员在发球和高压球的随挥动作中要用到的肌肉，通过锻炼这些肌肉，提高肩部的稳定性，从而减少受伤风险。

六、俯卧两头起训练

训练步骤：

（1）面朝下躺在地垫上，双臂向前伸直，保持大腿伸直。

（2）将左臂抬离地面，同时将右腿抬离地面。收缩上背部和下背部的肌肉，控制身体运动，重点在于收缩背部肌肉（图 4-27）。

图 4-27　俯卧两头起训练

（3）回到初始位置，抬起右臂和左腿，重复上述动作。

教练提示：网球运动中很多击球动作都需要使用交叉动作，该训练能够提高运动员上下肢的控制力，增强身体的平衡性。

习题 4

1. 侧滑步的作用是（　　）。

A. 调整　　　　　　　　B. 快速启动　　　　　　C. 没有用

2. 交叉步主要运用在击球的（　　）。

A. 调整阶段　　　　　　B. 回位阶段　　　　　　C. 击球阶段

3. 发现来球时，第一个会用到的步法是（　　）。

A. 交叉步　　　　　　　B. 分腿垫步　　　　　　C. 侧滑步

4. 完成一次底线击球的步法顺序是（   ）。

A. 交叉步＋侧滑步＋分腿垫步

B. 分腿垫步＋交叉步＋侧滑步

C. 分腿垫步＋侧滑步＋交叉步

5. 影响移动速度的因素有（   ）。

A. 步数的多少   B. 步频的快慢   C. 步幅的大小

6. 下列对爆发力的要求高的步法是（   ）。

A. 分腿垫步   B. 侧滑步   C. 交叉步

7. 在移动前，你需要（   ）。

A. 判断   B. 确认换好拍

8. 在移动前，判断的主要内容是（   ）。

A. 对手的击球效果

B. 来球的方向

C. 来球的速度

9. 如果你要从底线移动到网前，会使用的步法是（   ）。

A. 交叉步   B. 向前快速奔跑   C. 侧滑步

10. 底线左右移动中使用步法频次最高的是（   ）。

A. 交叉步   B. 小碎步   C. 侧滑步

11. 提高前后移动能力的练习方式是（   ）。

A. 提升向前和向后移动的脚步频率

B. 提升反应速度

C. 增加力量

12. 回位时可采用的步法是（   ）。

A. 侧滑步   B. 交叉步   C. 侧滑步＋交叉步

习题 4 答案

1. A 2. B 3. B 4. C 5. ABC 6. C 7. A 8. A 9. B 10. C 11. ABC 12. C

第五章　网球运动员心智的训练

　　我国传统文化博大精深，其中有一篇名为《列御寇为伯氏无人射》的文章，讲述了列御寇射箭的故事，对网球运动员心智训练具有非常好的启发意义。其原文是：列御寇为伯昏无人射，引之盈贯，措杯水其肘上，发之，镝矢复沓，方矢复寓。当是时也，犹象人也。伯昏无人曰："是射之射，非不射之射也。当与汝登高山，履危石，临百仞之渊，若能射乎？"于是无人遂登高山，履危石，临百仞之渊，背逡巡，足二分垂在外，揖御寇而进之。御寇伏地，汗流至踵。伯昏无人曰："夫至人者，上阚青天，下潜黄泉，挥斥八极，神气不变。今汝怵然有恂目之志，尔于中也殆矣夫。"意思是：列御寇（也就是列子）为伯昏无人表演射箭。他拉满弓，让人放一杯水在手肘上，然后稳稳地放箭。前面的箭刚射出，后面的箭又搭上了弓。在连续射箭的过程中，他就像泥塑木偶似的平稳。伯昏无人认为这是有心之射，不是无心之射。如果我和你一起登上高山，站在危险的山石上，面临万丈深渊，你还可以像这样安稳地射箭吗？伯昏无人和列子一起爬上高山。伯昏无人走到悬崖绝壁的边缘，站在岌岌可危的山石上，面前就是万丈深渊。他转过身，背对深渊，还故意向后挪了挪，脚已有两分悬空在石外。他招手叫列御寇过去。列御寇趴在地上，冷汗浃背，连脚跟都出汗了。伯昏无人认为，凡是高手，上可窥探青天，下可潜入黄泉，奔放遨游于四面八方，时时处处都潇洒自如，神态安然。可现在你紧张害怕得眼睛都失神了，你离射箭的高妙境界差得远哪！

　　这个故事讲述了射箭的两个不同场景。一是列御寇为伯昏无人表演时，他拉满弓，让人放一杯水在手肘上，然后稳稳地放箭。前面的箭刚射出，后面的箭又搭上了弓。在连续射箭的过程中，他就像泥塑木偶似的平稳。从这个场景来看，列御寇的射箭水平和技术已经非常高超。二是伯昏无人和列御寇一起爬上高山。伯昏无人走到悬崖绝壁的边缘，站在岌岌可危的山石上，面前就是万丈深渊。他转过身，背对深渊，还故意向后挪了挪，脚已有两分悬空在石外。他招手叫列御寇过去。列御寇趴在地上，冷汗浃背，连脚跟都出汗了。由此可见，面对危险和困难的时个人技艺能够正常发挥或者超水平发挥才是至关重要的！高手的具体表现有哪些呢？伯昏无人认为，凡是高手，上可窥探青天，下可潜入黄泉，奔放遨游于四面八方，时时处处都潇洒自如，神态安然。这是射箭高手的境界，在网球比赛中高水平选手又何尝不是如此！

　　如何达到高手佳境呢？体能和技术训练是基础，在掌握高超的技术和拥有良好的体能前提下，如何将心意调整到上可窥探青天，下可潜入黄泉，奔放遨游于四面八方而神态安然，这正是我们要研究和探讨的一个重要问题，即一切从"心"开始！

第一节　网球比赛，从"心"开始

在学习网球的过程中，运动员会不断地学习和训练，以提高自己的技术水平。在训练时，有的运动员面对各种来球，都可以把球击向预期的位置，这也是在训练场上经常见到的场面。然而有的运动员上了赛场，则会出现手心冒汗、心跳加快、腿部发抖、身体僵硬，看到来球就会击出场外或者击球下网，甚至连发球也会双误颇多，因自己失误多被淘汰出局。为什么训练和比赛之间会有这么大的区别呢？难道是技术的问题吗？显然不是的，这正是所谓"心"的影响，这就是我们常说的比赛中如何能够达到平时的训练水平，或者是遇到强大的对手时超水平发挥。这是心智训练的一个难题，毕竟比赛面对的困难有很多，声誉、奖金、现场及平台转播观众的评价、粉丝的支持等都会影响运动员的心态。因此，网球运动员更需要训练自己的心智，做到临危不惧，成就自我！

对于人类来讲，对事情进行的判断与做出决策是通过双系统进行的，即通过指使者自我（简称自我 1）和行动者自我（简称自我 2）共同完成的。但是对于自我 1 和自我 2 是如何配合的，则需要进行心智训练，即自我 1 和自我 2 的和谐统一。我们会发现有的球员经常会口中念念有词：我怎么这么蠢，打对手的左边，打对手的右边，打高球……他在和谁说话？和自己，自己和自己说话，这貌似是有两个人，其实也就是两个自我，即自我 1 和自我 2。在比赛时，常会有一个指使者出现在行动者前面进行指导，自我 2 出现失误后又会被自我 1 批评，自我 1 会不断地对自我 2 指手画脚，最后直到比赛结束以失败收场。

想象一下自我 1 和自我 2 分别由两个人（假定 A 和 B）来代表。在赛场上，A 经常会要求 B 把球打向对手的左边，把球打高送到对手的后面，等等。B 被 A 的不断引导弄得焦头烂额，频频出错。比赛是快速而复杂多变的，面对快速的来球，经过 A 发出指令再由 B 做出反应其实已经影响了 B 的击球了，会导致 B 击球过程中出现失误。在 B 出现失误后 A 又不断指责 B 的执行力差，从而导致 A 和 B 之间产生对立，B 会想着如何让 A 闭嘴，但是在执行中发现 A 无处不在，直到比赛结束。

第二节　专业网球运动员的直觉

网球运动员对体能和技术要求极高，儿童及青少年体能训练在整个网球运动训练过程中起到非常重要的作用，该阶段体能训练是否系统，将直接影响运动员的竞技水平。国际网球联合会（ITF）根据众多网球强国高水平青少年运动员的信息及资料，对青少年的训练安排作了详细要求，见表 5—1。

表 5-1 训练安排

年龄范围	技术训练时数（小时/周）	体能训练时数（小时/周）	训练总时数（小时/周）
6～8 岁	1.5	2.5	4.0
9～10 岁	4.5	4.5	9.0
11～12 岁	6.0	5.0	11.0
13～15 岁	12.0	8.0	20.0
16～18 岁	15.0～20.0	8.0	23.0～28.0

根据表 5-1，我们可以看出网球运动员在 6～8 岁时每周技术训练的时间为 1.5 小时，随着年龄增长，16～18 岁每周技术训练时长要达到 15.0～20.0 小时，即平均每天保证至少 2.0～3.0 小时的技术训练时间。技术训练包括正手击球、反手击球、发球、截击球以及高压击球等，一个职业运动员在实践中应该高于这个时数的安排。职业运动员经过多年的训练，通常可以在训练场上把球击打到场内的任意地方，在外行人看来，称网球运动员为网球专家一点也不过分。马尔科姆·格拉德威尔（Malcolm Gladwell）在《眨眼之间》一书中讲了这样一个故事：一些艺术名家鉴赏雕像中的杰作——一个阔步行走的男孩雕像。这些专家本能地认为这个雕像是仿冒品，但也说不清楚是什么让自己有这种感觉的。读了这本书的人都认为是直觉起了作用。这些专家知道雕像是仿冒的，却不知道自己为什么知道。这正是对直觉的定义。

网球比赛又何尝不是如此！网球训练既有技术训练又有实战训练，技术训练就相当于没有任何危险（输掉比赛后也没有任何损失）的练习，提升运动员对球的感控训练。而实战训练就是要在比赛的状况下根据对手的优缺点而迅速制定出抗衡或制约对方的一种打法，这种比赛训练法也只有通过不断训练，使运动员在球场上能够根据对手的技战术迅速合理的回球，使自己保持场上的优势，这种快速做出的反应其实也就是网球直觉。要掌握"专业技能的直觉"通常需要很长时间，其学习过程复杂而缓慢，因为关于网球领域的专业技能涉及的不仅是一项项技能，还包括很多小技巧，如何在赛场上充分地运用它们，是对每个选手的考验。

比赛中，球从一方打到另一方的时间非常快，如应该打对手的左边、右边、后边或者放小球等，往往是通过直觉瞬间决定的。

第三节　网球比赛从当下做起，对行动者自我更加信任，让聒噪的指示者自我安静

一、本能会像吃饭、走路一样打球

当你认为自己的身体很笨拙、不协调、腿脚跑动不够快、击出的球不够快的时候，

其实是指示者自我在作祟，想想你偶尔打出自认为不可能打出的球的感觉吧。为了更好地回球，大脑必须在对手发球时，即球离开球拍的瞬间预判来球的落点和球拍可能的接球点。此时要考虑球的速度以及风和球旋转所带来的影响，以便预测接球时球拍与球的接触点。最后，全身肌肉会互相配合做出相应的击球动作。

二、自我 1 对自我 2 的信任会让自我 2 的表现更加超出预期

自我 1 对自我 2 的怀疑、指导和抱怨都会对自我造成严重干扰，尤其是过度的自我指导会出现"过度努力"的现象。第一，会让肌肉使用过度，表现为肌肉用力过猛后的过度紧张；第二，会造成精神干扰而导致运动员难以专注，从而影响赛场上的水平发挥。因此，自我之间的关系就是要自我 1 对自我 2 充分的信任，要放任身体去打球。重点是相信自己能够挥动球拍打出能力范围内的最佳球。

三、对于学习要顺其自然并与身体进行沟通

在打球时，不要在每次击球时都不断给自己下达指令，而应该自然而然地学习，在学习过程中去观察、感知，然后不断进行调整。

四、把期待的结果转换为清晰的视觉图像

在大脑中先建立一个画面，如想象球的飞行线路以及落点等，然后尽最大的努力去击球。最后，只需要让一切顺其自然地发生就好。

五、偶像的模仿游戏

一个人的成长大多是从模仿开始的，如模仿家长、模仿老师、模仿同学、模仿偶像。如果一名运动员能够成功地忘掉自己，真正扮演自己心目中偶像的角色，运动员在比赛中会表现出明显的变化。只要融入不同的角色，就能体验到以前完全未曾想象的风格。

第四节　与内在联结，让比赛更加纯粹

如果运动员能够体会"顺其自然"，让自我 2 掌控比赛，不但击球会变得更准确、有力，心情也会感到轻松愉快。运动员希望重现这样的优秀表现时，自我 1 往往不知不觉又开始起作用，例如"现在我已经掌握了比赛的秘诀，就是要保持这种方法"。可是，一旦努力让自己保持这种方法，真正的放松状态反而消失了，取而代之的是一种奇怪的现象，即"努力放松"。放松是不可能通过"努力"或"控制"实现的。只有专注于比赛，才会更加地放松。

一、专注的诀窍之一——看

看指的是把目光集中在网球上，这是提升注意力的有效方式。

二、专注的诀窍之二——听

一般地，网球运动员更多的是看网球、看对手等，对于听却做得很少。网球击中球拍时，会发出清晰的声音。因接触点和球拍中心的距离、拍面角度的不同，音质会有显著的区别。如果能仔细倾听对手击球的声音，可以更好地判断球速，识别对手的击球方式。

三、专注的诀窍之三——感觉

网球运动员每次击球时必须要注意两点：网球在哪里，球拍在哪里。如果忽略了其中一点，运动员可能会陷入困境。为了更好地感知球拍的位置，可以针对自己的身体进行一些"敏感性训练"，即向前挥动手臂准备接球的那一刻之前，你的手臂和手掌是什么感觉；同时也要注意体会手中握拍的感觉，握拍的松紧程度等，及时调整球拍的位置，调整球拍的击球位置。总之，要了解你的身体，要感受挥动球拍时的感觉，这样才能更快地提升网球技术。

第五节　赛场下如何进行专注力训练

每次训练前，先让运动员坐下，上身保持正直，微微闭上眼睛感受自己的呼吸，吸气后稍作悬息，然后缓慢呼气。在这个过程中我们可能会出现走神，没关系，把注意力再次拉回即可。一开始，可以做 10 分钟左右这样的练习，随后可以慢慢持续到 30~45 分钟。

另外，可以借助工具来帮助我们将注意力放在自己的身体上，例如带　个苹果放在身边，坐下来后，再次练习呼吸，感受不同气味带给身心的感觉。

在每次的训练课前，运动员先坐下来进行短暂的冥想，首先想象球场的画面，其次是自己在球场的位置，再次是各种来球时身体的状态，最后是自己把球击对面场地的位置。

每次比赛时，赛前运动员可进行 3 分钟的冥想，调整自己的心理状态，放下任何的评判、自我怀疑、愤怒、害怕等，让直觉充分发挥效能，将自己和整个比赛真正融为一体。

在网球的学习过程中，我们要使用自我 1 来进行思考（学而不思则罔），使自己的身体动作更加流畅，更加符合人体力学以降低受伤风险。在这个学习过程中，我们不仅要学会面对应急情况（此时自我 2 占主导），更多的是要通过不断思考，来提升学习效果。在长期的学习训练中运动员已经习得了一种独特能力——网球专家直觉。

任何知识和技能转化成实践都有一条很漫长的路要走，运动员想要把其所掌握的网球知识和技能转化成赛事成果会面临很多障碍，而这个障碍不是简单的技术问题，而是身心合一的问题。人在球场上的表现是随时可能发生改变的，只有拥有了强大的心智能力，才可以在各种大型比赛中表现得游刃有余、取得比赛的胜利。

习题 5

1. 运动员在网球比赛中需要具备的能力有（　　）。
A. 良好的网球技术　　　　　　　　　　B. 良好的战术
C. 和谐统一的身心　　　　　　　　　　D. 优秀的身体

2. 网球运动员在比赛时对来球的处理所启动的是（　　）。
A. 指使者自我　　　　　　　　　　　　B. 行动者自我
C. 指使者自我和行动者自我　　　　　　D. 教练团队

3. 对于人类来讲，对事情的处理所进行的判断与做出决策是通过（　　）。
A. 父母的授权　　　　　　　　　　　　B. 朋友的建议
C. 指使者自我　　　　　　　　　　　　D. 行动者自我

4. 在网球比赛中，自我 1 对自我 2 的影响体现为（　　）。
A. 这个球打得太烂了　　　　　　　　　B. 打对手的脚下
C. 打对手的左侧　　　　　　　　　　　D. 打直线球

5. 在网球赛事中，专注力的训练方式有（　　）。
A. 看着裁判席　　　　　　　　　　　　B. 盯着网球的接缝处
C. 听发球和击球的声音　　　　　　　　D. 感觉球拍和手

6. 平时对专注力的训练方式有（　　）。
A. 静心呼吸 10 分钟
B. 买一枝花放在桌子上，闭上眼睛闻花香 10 分钟
C. 到湖边欣赏湖面 10~15 分钟
D. 洗澡时感知水在身体上流动的感觉
E. 吃饭时感知饭菜的香味

7. 在网球运动中，下列属于自我专注力训练的是（　　）。
A. 发球前按照自己的节奏拍球
B. 发球前按照自己的节奏整理运动服
C. 发球前调整呼吸
D. 在局间休息时看书
E. 在局间休息时把浴巾蒙在头上

8. 对于小朋友来说，属于对专注力的干扰的是（　　）。
A. 准备击球时说屈膝

B. 准备击球时说转体

C. 准备击球时说手臂放松

D. 准备击球时说打斜线球

E. 准备击球时说压低身体重心

9. 在网球比赛中，下列会影响行动者 2 发挥的行为是（　　）。

A. 观众大喊大叫

B. 教练在场下不停地指手画脚

C. 父母在场下不停地指手画脚

D. 在局间休息时，运动员没有求助教练，而教练主动指出问题

10. 在平时训练时，可以提升运动员专注力的办法是（　　）。

A. 每次训练前，运动员进行 5 分钟冥想练习

B. 每次训练前，运动员进行正面的心理辅导

C. 训练时，教练不停地指出运动员的问题

D. 训练前，教练讲解正确的身体发力方式

习题 5 答案

1. ABC　2. B　3. CD　4. ABCD　5. BCD　6. ABCDE　7. ABCDE　8. ABCDE
9. ABCD　10. ABD

第六章 网球运动的损伤与预防

网球运动员都希望提升他们在场上的技术水平。但是，预防运动损伤也同样重要。事实上，提升技术水平与预防运动损伤的训练是紧密相关的。有些运动损伤是急性的，比如脚踝扭伤。有些运动损伤是慢性的，比如网球肘。无论是哪种情况，我们可以通过制订科学的训练计划以及使用合适的器材来预防运动损伤。

第一节 网球运动中产生运动损伤的原因

网球运动中产生运动损伤的原因主要可归纳为以下几个方面。

一、使用不合适的设施和器材

球拍的硬度各不相同。硬度大的球拍，虽然更有力，但是可能会带来过大的冲击力。质量较轻的球拍更容易操控，但是吸收冲击力的能力较弱。质量重的球拍较难控制，有可能导致击球过晚，容易造成网球肘。另外，球鞋太紧、场地太滑都可能造成踝关节的扭伤等。

二、运用不合理的技术动作

很多初学者会模仿职业运动员的击球动作，但没有理解该技术动作的发力方式，导致过度发力，造成运动损伤。

三、身体素质差

良好的身体素质会极大地降低运动员受伤的风险。

第二节 网球运动损伤和预防

网球运动是一项强度高且对技巧要求较高的运动，运动量过度或技术动作运用不当，会导致肌肉长期处于紧张状态，容易引发损伤。因此，运动员比赛前应进行充分的热身运动，合理运用技术动作。

一、肩部

（1）损伤类型：肩部肌腱炎。

（2）肩部肌腱炎是网球运动员常见的一种损伤，通常与以下因素有关。

①技术动作使用不当：错误的击球动作可能导致肩部承受不适当的压力。

②肌肉力量不平衡：肩部和上背部肌群力量不足可能导致肌腱负担过重。

③过度使用：长时间的训练和比赛可能导致肩部肌腱的过度使用和损伤。

④年龄因素：随着年龄的增长，肌腱的弹性和恢复能力可能降低，更容易受伤。

（3）预防方法。

①学习和练习正确的击球技术，特别是发球和击打落地球时的动作，以减少对肩部不必要的压力。

②通过特定的力量训练强化肩部和上背部的肌肉，提高肩部的稳定性和支撑力。

③进行肩部的拉伸和柔韧性练习，以保持关节的灵活性、减少僵硬。

④在必要时使用肩部支撑带或其他保护装备，以减少肩部的压力。

⑤在肩部出现疼痛时，可以使用冷敷来减少炎症，热敷则有助于放松肌肉和提高血液循环。

二、肘部

（1）损伤类型：肘部上髁炎。

（2）肘部上髁炎（通常称为网球肘）是网球运动员中非常常见的一种损伤，通常与以下因素有关。

①重复性使用：网球运动中，尤其是击球时的反手动作，会导致小臂肌肉的过度使用和重复性损伤。

②技术动作使用不当：错误的击球技术，如握拍方式不正确或击球时手臂位置不当，可能导致肘部承受额外的压力。

③肌肉力量不平衡：小臂肌肉力量不平衡，特别是手腕伸展肌群和屈肌群的力量不匹配，可能导致肘部肌腱的过度负荷。

④柔韧性不足：小臂肌肉和肌腱的柔韧性不足，可能增加受伤风险。

（3）预防方法。

①学习和练习正确的击球技术，确保手臂和手腕在击球时保持正确的姿态。

②加强手腕和小臂肌肉的力量训练，特别是那些在网球运动中经常使用的肌肉群。

③定期进行小臂和手腕的拉伸练习，以提高柔韧性和减少僵硬。

④确保在训练和比赛之间有足够的休息时间，避免肌肉过度疲劳。

⑤必要时使用肘部支撑带或其他保护装备，以减少肘部的压力。

三、手腕

（1）损伤类型：手腕疼痛。

（2）手腕疼痛在网球运动员中是一种常见的问题，通常与以下因素有关。

①技术动作使用不当：使用不正确的击球技巧，特别是反手击球时，可能导致手腕承受不当的压力。

②球拍特性：球拍过硬或不适合个人打球风格，可能会增加手腕的冲击和震动。

③握拍太紧：握拍过紧会增加手腕肌肉和肌腱的紧张度，导致过度使用和潜在的损伤。

④力量不足：手腕和小臂肌肉力量不足，无法有效吸收击球时的冲击力。

⑤柔韧性差：手腕关节的柔韧性不足，限制了技术动作并增加了受伤风险。

⑥过度训练：没有适当的休息和恢复时间，导致手腕肌肉和肌腱的过度疲劳。

（3）预防方法。

①学习和练习正确的击球技术，特别是手腕的使用和控制。

②选择重量、平衡点、拍面大小和线床密度适合自己打法和力量水平的球拍。

③在击球时保持握拍的自然和放松，避免过度紧张。

④加强手腕和小臂肌肉的力量训练，提高对冲击力的吸收能力。

⑤定期进行手腕和小臂的拉伸练习，提高关节的灵活性。

四、下背部

（1）损伤类型：下背部扭伤。

（2）下背部扭伤是网球运动员常见的一种损伤，通常与以下因素有关。

①转体动作：网球中的转体动作，特别是使用开放式站姿击球时，经常会用到上半身扭转，如果下背部肌肉不够强健，就容易发生扭伤。

②过劳：运动量过度会使肌肉、神经系统处于过度紧张状态，长期承受较大压力，导致下背部受伤的风险增加。

③技术动作使用不当：错误的技术动作，如不恰当的转体，可能导致下背部肌肉受到不适当的压力，从而引发扭伤。

④肌肉力量不平衡：如果躯干和下肢的肌肉力量不平衡，可能导致下背部肌肉过度负荷，增加扭伤的风险。

⑤柔韧性不足：下背部肌肉和韧带的柔韧性不足，可能限制运动覆盖范围并增加了受伤风险。

（3）预防方法。

①加强腹部和背部的核心肌群的力量训练，提高躯干的稳定性和力量。

②定期进行下背部的拉伸练习，以提高肌肉和韧带的柔韧性。

③学习和练习正确的击球姿势，特别是在转体和击打落地球时。

④确保腹部和背部肌肉力量的平衡，避免某一区域的肌肉过于发达或不足。

⑤体重过重可能增加下背部的负担，保持健康的体重有助于减少损伤风险。

五、腹部

（1）损伤类型：腹部扭伤或腹部肌肉拉伤。

（2）腹部扭伤或腹部肌肉拉伤是网球运动员常见的一种损伤，通常与以下因素有关。

①转体动作：网球比赛中的开放式站位击打落地球时需要运动员进行大量的转体动作，这可能导致腹部肌肉承受过大的扭转力，从而引发扭伤或拉伤。

②发球用力过度：在追求高速发球时，如果腹部肌肉没有足够的力量支撑这种爆发力，可能会导致肌肉过度拉伸或撕裂。

③技术使用不当：错误的击球或发球技术可能导致腹部肌肉使用不当，增加受伤风险。

④肌肉力量不平衡：腹部肌肉力量不平衡，特别是腹直肌和腹斜肌的力量不匹配，可能导致某些肌肉群过度负荷。

⑤柔韧性不足：腹部肌肉柔韧性不足，限制运动覆盖范围，增加受伤风险。

⑥过度训练：没有适当的休息和恢复时间，导致腹部肌肉过度疲劳。

（3）预防方法。

①加强腹部肌群、下背部肌群和腹斜肌的力量训练，提高肌肉的稳定性和支撑力。

②学习和练习正确的击球和发球技术，确保技术动作的合理和效率。

③进行腹部肌肉的拉伸练习，提高肌肉的柔韧性和运动覆盖范围。

④确保在训练和比赛之间有足够的休息时间，避免肌肉过度疲劳。

⑤必要时使用腹部支撑带或其他保护装备，以减少腹部肌肉的压力。

六、膝盖

（1）损伤类型：膝盖疼痛。

（2）膝盖疼痛是网球运动员常见的一种损伤，通常与以下因素有关。

①肌力不足：膝盖周围肌群，尤其是股四头肌和腘绳肌的力量不足，无法为膝盖提供足够的支撑。

②技术动作使用不当：错误的运动技巧，如不正确的步法或击球姿势，可能导致膝盖承受额外的压力。

③装备问题：穿着不合适的鞋子或在不适宜的场地上运动，可能增加膝盖受伤的风险。

（3）预防方法。

①加强股四头肌、腘绳肌和臀部肌肉的力量训练，提高膝盖的稳定性。

②学习和练习正确的运动和击球技巧，减少膝盖的不必要压力。

③穿着合适的网球鞋，并在适宜的场地上运动，以减少对膝盖的冲击。

七、髋部

（1）损伤类型：髋屈肌扭伤。

（2）髋部损伤，特别是髋屈肌扭伤是网球运动员常见的一种损伤，通常与以下因素有关。

①开放式站位：在开放式站位击打落地球时，髋部需要进行大幅度的旋转和伸展，这可能导致髋屈肌的过度拉伸或扭伤。

②频繁变换方向：网球运动中需要运动员快速地在不同方向上移动，这种频繁的方向变换可能对髋部肌肉造成压力。

③肌肉力量不平衡：如果髋部周围的肌肉群力量不平衡，某些肌肉可能会过度负荷，导致扭伤。

④技术动作使用不当：不恰当的步法或身体姿势，可能导致髋部肌肉使用不当。

（3）预防方法。

①开发髋部良好的灵活性，通过各种伸展和灵活性练习来提高髋关节的运动范围。

②强化髋部周围的肌肉，包括腘绳肌、股四头肌和下背部肌肉，以提高支撑力和稳定性。

③每天运动后进行伸展训练，特别是针对髋部和下肢的肌肉。

④学习和练习正确的运动和击球技巧，减少髋部的不必要压力。

八、小腿

（1）损伤类型：小腿肌肉拉伤、扭伤。

（2）小腿肌肉拉伤、扭伤是网球运动员常见的一种损伤，通常与以下因素有关。

①过度使用：长时间的训练和比赛可能导致小腿肌肉过度疲劳和损伤。

②前脚掌落地：在快速移动时，如果经常用前脚掌落地，可能会增加小腿肌肉拉伤的风险。

③肌肉力量不平衡：小腿肌肉群（特别是腓肠肌和比目鱼肌）力量不平衡可能导致某些肌肉过度负荷。

④不适当的热身：没有进行充分的热身可能导致肌肉在运动中更容易受伤。

（3）预防方法。

①定期进行小腿肌肉的伸展练习，以提高柔韧性，减少僵硬。

②加强小腿肌肉，特别是腓肠肌和比目鱼肌的力量训练。

③在训练和比赛前进行充分的热身，包括慢跑和动态伸展。

九、脚部

（1）损伤类型：足底筋膜炎。

（2）足底筋膜炎是网球运动员常见的一种损伤，通常与以下因素有关。

①运动过度：网球运动中频繁地起跳、急停和快速改变方向可能导致足底筋膜的过度使用，从而引发炎症。

②落地技巧：不正确的落地技巧，如足跟着地，可能导致足底筋膜承受更大的冲击力，从而引发足底筋膜炎。

③身体结构问题：如平足或高弓足等足部结构问题，可能导致足底筋膜承受不均衡的压力，增加炎症的风险。

④身体紧张：如小腿肌肉过紧或跟腱过紧，可能影响足底筋膜的正常功能，导致炎症。

⑤不合适的鞋子：穿着不合适的运动鞋，特别是那些缺乏足够支撑和缓冲功能的鞋子，可能会增加足底筋膜的压力和损伤风险。

（3）预防方法。

①学习和练习正确的落地技巧，以减少对足底筋膜的冲击。

②定期进行小腿和足底肌肉的拉伸和强化训练，以提高柔韧性和力量。

③在有良好缓冲的地面上训练和比赛，以减少对脚部的冲击。

④选择专为网球设计的运动鞋，它们通常具有更好的支撑和缓冲功能。

习题 6

1. 进行准备活动原因有（　　）。

A. 伸展肌肉、肌腱、韧带

B. 增加体温

C. 帮助运动员在心理和生理上做好准备

2. 对于肌肉、肌腱和韧带的应急处理，教练员应采用的顺序为（　　）。

A. 休息、冷处理、加压、抬高、恢复

B. 冷处理、休息、抬高、加压、恢复

C. 休息、抬高、冷处理、加压、恢复

3. 有助于增强胸部和小臂力量的训练方法是（　　）。

A. 下斜式哑铃推举　　　B. 卧推　　　　　C. 上斜式哑铃推举

4. 要想提升截击球技术，可以进行的训练是（　　）。

A. 平板卧推或者胸部前推健身实心球

B. 上斜式推举

C. 下斜式推举

5. 提升转体能力可以进行的训练是（　　）。

A. 坐姿划船   B. 传健身实心球   C. 站式划船

6. 可以增加臀屈肌和腘绳肌柔韧性的训练方法是（   ）。

A. 平板支撑   B. 俄罗斯式扭转   C. 触足卷腹

7. 有助于增强下背部的肌肉和腘绳肌，并提高其灵活性的身体练习是（   ）。

A. 罗马尼亚硬拉   B. 弓步下蹲   C. 侧弓步

习题 6 答案

1. ABC   2. A   3. C   4. A   5. B   6. C   7. A